... **Títulos relacionados**

HOTR0208 OPERACIONES BÁSICAS DE RESTAURANTE Y BAR
[DISPONIBLE CERTIFICADO COMPLETO]

Uso de la dotación básica del restaurante y asistencia en el preservicio

Esther Urda

Edición y maquetación: Ediciones Nobel, S. A.
Impresión: Liberdigital (Casarrubuelos, Madrid)
ISBN: 978-84-283-6413-3
Depósito legal: M-13533-2024

Impreso en España

Esther Urda es técnico especialista en Hostelería y Turismo y trabaja como docente de formación ocupacional acreditada para los certificados de profesionalidad de esta familia.

Índice

Introducción normativa IX

1. El restaurante tradicional como establecimiento y como departamento 1
  1.1. Definición, caracterización y modelos de organización de sus diferentes tipos 3
      Restauración comercial 3
      Calificación de los restaurantes 5
      Legislación estatal 5
      Legislaciones autonómicas 6
      Estructuras organizativas 12
  1.2. Competencias básicas de los profesionales que intervienen en el departamento..... 14
      Funciones del personal de la sala 14
      Funciones del personal de cocina 16
  ORGANIZA TUS IDEAS 19
  AUTOEVALUACIÓN 22

2. Los establecimientos de servicio a colectividades 25
  2.1. Definición, caracterización y modelos de organización de sus diferentes tipos 27
      Historia del *catering* 27
      Clasificación 27
      Ofertas gastronómicas 28
  2.2. Competencias básicas de los distintos tipos de profesionales de estos establecimientos 31
      Director de cocina 31
      Jefe de producción 31
      Supervisor 31
      Jefe de cocina 31
      Ayudantes de cocina 31
      Personal de limpieza 31
      Personal de sala 31
      Repartidor 31
  ORGANIZA TUS IDEAS 32
  AUTOEVALUACIÓN 33

3. Utilización de maquinaria, equipos, útiles y menaje propios del área de restaurante ... 35

3.1. Clasificación y descripción según características, funciones y aplicaciones ... 37

3.2. Ubicación y distribución ... 39

Maquinaria y equipos (barra) ... 39

Mobiliario (restaurante) ... 44

3.3. Aplicación de técnicas, procedimientos y modo de operación y control

Menaje (restaurante) ... 45

3.4. Aplicación de normas de mantenimiento de uso, control y prevención de accidentes ... 51

Riesgo laboral ... 51

ORGANIZA TUS IDEAS ... 54

AUTOEVALUACIÓN ... 56

4. Desarrollo del preservicio en el área de consumo de alimentos y bebidas ... 57

4.1. Proceso y secuencia de operaciones más importantes ... 59

1. Limpieza y ventilación ... 60

2. Transporte del material ... 60

3. Repaso de material ... 61

4. Colocación del esqueleto ... 62

5. Preparación de complementos ... 62

6. Cambio de lencería ... 62

7. Montaje de aparadores y mesas auxiliares ... 62

8. Montaje de mesas ... 63

9. Tipos de montajes de mesas ... 67

10. Tipos de servicios ... 68

4.2. Apertura del local, previsión y actuación en caso de anomalías ... 69

4.3. Desarrollo del proceso de aprovisionamiento interno de géneros y de reposición de material según el servicio ... 70

4.4. Formalización de la documentación necesaria ... 71

4.5. Puesta a punto del área de servicio y consumo de alimentos y bebidas ... 71

4.5.1. Repaso y preparación del material de servicio ... 71

4.5.2. Montaje de aparadores y de otros elementos de apoyo ... 72

4.5.3. Montaje y disposición de mesas y elementos decorativos y de ambientación según tipo y modalidad de servicio ... 72

4.5.4. Montaje de servicios tipo buffet, autoservicios y análogos ... 72

ORGANIZA TUS IDEAS ... 73

AUTOEVALUACIÓN ... 79

Bibliografía ... 81

Introducción normativa

La Ley Orgánica 3/2022, de 31 de marzo, de ordenación e integración de la Formación Profesional, contiene una disposición derogatoria única que afecta a la regulación de los certificados de profesionalidad, ahora denominados **Certificados Profesionales**. La referida normativa deroga la Ley Orgánica 5/2002, de 19 de junio, de las Cualificaciones y de la Formación Profesional, y abre un escenario de cambios que se irán implementando progresivamente.

La Ley Orgánica 3/2022, de 31 de marzo, de ordenación e integración de la Formación Profesional implica que toda la formación es acumulable. La oferta formativa se estructura de forma escalonada, siendo los Certificados Profesionales un nivel intermedio (Grado C) de una escala que va desde el Grado A hasta el E.

En los artículos 35 a 38 de la Ley 3/2022 se describe en qué consisten estos Certificados Profesionales: su oferta, formación asociada, estructura, duración, acceso, titulación y validez. Posteriormente, esta normativa se completa con lo dispuesto en el Real Decreto 659/2023, de 18 de julio, que desarrolla la ordenación del sistema de Formación Profesional. Concretamente en los artículos 67 a 81 es donde se hace referencia a la oferta formativa de Grado C, correspondiente a los Certificados Profesionales.

Están agrupados en 26 familias profesionales con características comunes del sector. En la actualidad hay más de medio millar de Certificados Profesionales incluidos en el Repertorio Nacional. Esta cifra no deja de crecer. Además, cada certificado está específicamente regulado por un real decreto.

Un Certificado Profesional corresponde al Grado C de la oferta del Sistema de Formación Profesional. Es un documento oficial, con validez en todo el territorio nacional y debe constar en el Catálogo Nacional de Ofertas de Formación Profesional, que certifica la capacitación para el desarrollo de una actividad profesional.

Debe detallar los módulos profesionales superados y los estándares de competencia profesional asociados a él e incluidos en el **Catálogo Nacional de Estándares de Competencias Profesionales**, así como su correspondencia con el Marco Español de Cualificaciones.

Despliegan su validez en un doble ámbito, laboral y académico:

- En el contexto laboral tienen validez profesional, porque acreditan las competencias en una determinada profesión. Para poder trabajar en algunas profesiones, se exigen determinadas cualificaciones, y los certificados sirven para acreditarlas.

- Asimismo, tienen validez académica, puesto que permiten continuar un itinerario formativo siempre que se cumplan los requisitos de acceso para cursar la titulación deseada. De tal modo que, los Certificados Profesionales que sean parte de un Grado D permitirán la matrícula modular para completar los módulos establecidos en el currículo y obtener el correspondiente título de técnico básico, técnico o técnico superior con validez en todo el territorio nacional.

Para obtener un Certificado Profesional (Grado C) es preciso cumplir con los requisitos de acceso para realizar la formación.

Estructura de los Certificados Profesionales

I. Identificación: denominación, familia y área profesional a la que pertenecen; nivel de cualificación profesional (1, 2 o 3); cualificación profesional de referencia; entorno profesional y módulos formativos que esté previsto cursar junto con la duración de cada uno de ellos.

II. Perfil profesional: incluye las competencias profesionales requeridas en el mercado laboral. En todas ellas se concretan las realizaciones profesionales y los criterios de realización.

III. Formación: describe los módulos formativos que esté previsto cursar para adquirir las competencias requeridas. En cada uno de ellos se indican las capacidades que se pretende alcanzar y la duración del módulo de prácticas no laborales —PNL—, para el que cabe solicitar exención si se cumplen determinados requisitos.

IV. Prescripciones de las personas formadoras.

V. Requisitos mínimos de espacios, instalaciones y equipamiento.

Los Certificados Profesionales se identifican con una denominación concreta y un código alfanumérico propio, y sirven para acreditar una determinada cualificación profesional. Cada certificado está asociado a una relación de unidades de competencia que, a su vez, se vinculan con una serie de módulos formativos específicos. Algunos módulos están integrados por unidades formativas y tanto unos como otras son, en ocasiones, transversales, lo que significa que se trata de contenidos incluidos en más de un Certificado Profesional.

Los Certificados Profesionales se articulan en tres niveles de competencia profesional (1, 2 y 3) conforme a lo dispuesto en el que será el Catálogo Nacional de Estándares de Competencias Profesionales, anteriormente Catálogo Nacional de Cualificaciones Profesionales (CNCP), según los criterios establecidos de conocimientos, iniciativa, autonomía y complejidad de las tareas, en cada una de las ofertas de Formación Profesional.

La oferta formativa dirigida a la obtención de los Certificados Profesionales tiene carácter modular para favorecer la acreditación parcial acumulable de la formación recibida y posibilitar así el avance en el itinerario de Formación Profesional para cualquiera que sea la situación laboral de cada persona en cada momento.

En definitiva, el Grado C constituye la oferta, parcial y acumulable, del sistema de Formación Profesional, de varios módulos profesionales del catálogo modular de Formación Profesional por razón de su significado en el mercado laboral y conducente a la obtención de un Certificado Profesional.

Las ofertas de Grado C de Formación Profesional tendrán por objeto módulos profesionales incluidos previamente en el catálogo modular de formación profesional y asociados al Catálogo Nacional de Estándares de Competencias Profesionales.

Finalidad de los Certificados Profesionales

- Contribuir a la ordenación de un Sistema de Formación Profesional al servicio de un régimen de formación y acompañamiento profesionales que sea capaz de responder con flexibilidad a los intereses, expectativas y aspiraciones de cualificación profesional de las personas a lo largo de su vida.

- Combinar escuela y empresa situando a la persona en el centro del sistema.

- Facilitar el aprendizaje permanente de toda la ciudadanía mediante una formación abierta, flexible y accesible, estructurada de forma modular, a través de la oferta formativa asociada al certificado.

- Acreditar las cualificaciones profesionales o las unidades de competencia recogidas en estas, independientemente de su vía de adquisición, bien sea través de la vía formativa, o mediante la experiencia laboral o vías no formales de formación.

- Favorecer, tanto a nivel nacional como europeo, la transparencia del mercado de trabajo.

- Contribuir a la calidad de la oferta de Formación Profesional.

Este libro

El presente libro desarrolla la unidad formativa denominada *Uso de la dotación básica del restaurante y asistencia en el preservicio*, UF0058.

Dicha unidad formativa está asociada a la Unidad de Competencia UC0257_1, forma parte del módulo formativo MF0257_1 *Servicio básico de restaurante-bar*, perteneciente a la cualificación profesional de referencia HOT092_1, de nivel 1, incluida en el certificado profesional denominado HOTR0208 *Operaciones básicas de restaurante y bar*, dentro de la familia profesional Hostelería y Turismo.

Según el Real Decreto RD 1376/2008, de 1 de agosto, modificado por el RD 619/2013, de 2 de agosto, los contenidos que en esta obra se recogen se corresponden con una duración de 30 horas.

Tanto la estructura como el desarrollo del libro se ajustan al citado real decreto y más concretamente a los contenidos de la unidad formativa que le da título *Uso de la dotación básica del restaurante y asistencia en el preservicio*.

Contenido

1. **El restaurante tradicional como establecimiento y como departamento**
   - Definición, caracterización y modelos de organización de sus diferentes tipos.
   - Competencias básicas de los profesionales que intervienen en el departamento.

2. **Los establecimientos de servicio a colectividades**
   - Definición, caracterización y modelos de organización de sus diferentes clases.
   - Competencias básicas de los distintos tipos de profesionales de estos establecimientos.

3. **Utilización de maquinaria, equipos, útiles y menaje propios del área de restaurante**
   - Clasificación y descripción según características, funciones y aplicaciones.

- Ubicación y distribución.
- Aplicación de técnicas, procedimientos y modos de operación y control característicos.
- Aplicación de normas de mantenimiento de uso, control y prevención de accidentes.

4. **Desarrollo del preservicio en el área de consumo de alimentos y bebidas**
   - Proceso y secuencia de operaciones más importantes.
   - Apertura del local: previsiones y actuación en caso de anomalías.
   - Desarrollo del proceso de aprovisionamiento interno de géneros y de reposición de material según tipo de servicio.
   - Formalización de la documentación necesaria.
   - Puesta a punto del área de servicio y consumo de alimentos y bebidas:
     - Repaso y preparación del material de servicio.
     - Montaje de aparadores y de otros elementos de apoyo.
     - Montaje y disposición de mesas y de elementos decorativos y de ambientación según tipo y modalidad de servicio.
     - Montaje de servicios tipo bufé, autoservicio o análogos.

■ Nota del Editor

En Ediciones Paraninfo estamos comprometidos con la calidad de la formación e intentamos que nuestros materiales respondan fielmente y con rigor a las necesidades de todos cuantos confían en nuestro sello editorial.

Tratamos de dar respuesta a los currículos de las unidades formativas y de los módulos que integran los distintos Certificados Profesionales, equilibrando la parte teórica con la práctica para que los procesos de aprendizaje se conviertan en experiencias gratificantes, tanto para docentes como para las personas inmersas en los procesos formativos.

Nuestros objetivos son contribuir de forma decisiva a afianzar aprendizajes, ayudar a adquirir destrezas que tengan significado para el empleo y conseguir potenciar el desarrollo personal.

Para lograrlo contamos con excelentes autores, expertos en las materias que abordan, en la mayoría de los casos docentes de dichas especialidades con dilatada experiencia tanto profesional como académica, porque buscamos perfiles familiarizados con los contextos laborales concretos a los que se refieren nuestros manuales.

Confiamos en poder serte de ayuda y esperamos tus impresiones acerca de nuestro trabajo. Sean positivas o negativas, serán muy bien recibidas y, sin duda, nos ayudarán a seguir mejorando y trabajando con ilusión para continuar siendo un referente en formación para el empleo.

Agradecemos tu confianza en nuestros manuales. Todo nuestro equipo queda a tu total disposición. Puedes contactar con nosotros en esta dirección de correo electrónico:

info@paraninfo.es

1. El restaurante tradicional como establecimiento y como departamento

Contenido

1.1. Definición, caracterización y modelos de organización de sus diferentes tipos

1.2. Competencias básicas de los distintos tipos de profesionales de estos establecimientos

1.1. Definición, caracterización y modelos de organización de sus diferentes tipos

Dentro del sector terciario (servicios) podemos encontrar el subsector de la hostelería, el cual se divide en restauración y alojamientos. Debido a las características del establecimiento o su actividad, la restauración se divide en comercial o pública, e institucional o colectiva.

Restauración comercial

La restauración comercial es la que componen establecimientos o empresas que prestan un servicio de comidas y bebidas en una situación de libre mercado a cambio de precio. Existen infinidad de establecimientos que podemos clasificar en función del tipo de oferta.

— **Restauración tradicional:** establecimientos que ofrecen una oferta clásica de comidas y bebidas como son restaurantes, tabernas, mesones, asadores, bares, cafeterías, etc. En la actualidad, este tipo de restauración se está adaptando a los nuevos hábitos de consumo de la sociedad, para lo cual ofertan sus productos para servicio a domicilio o recogida en los mismos locales.

  • **Restaurantes:** establecimientos que sirven al público mediante precio comidas y bebidas que serán consumidas en el local.

  • **Cafeterías:** establecimientos donde su oferta base a un precio determinado sea principalmente el servicio de bebidas y platos fríos y calientes, simples o combinados, elaborados generalmente en plancha.

  • **Bares:** establecimientos que, además de bebidas, sirvan al público a un precio determinado aperitivos, raciones, tapas, bocadillos u otros alimentos para consumir en el local.

— **Neorestauración o restauración evolutiva:** los cambios en la sociedad actual han facilitado la aparición de nuevas formas de prestación de servicios en hostelería; la mayoría de estas empresas adoptan el sistema de franquicias.

  Dentro de este tipo de restauración podemos encontrar:

  • *Fast food* o **comida rápida:** son los que tienen una oferta rápida, sencilla y reducida. Dentro de estos establecimientos podemos encontrar hamburguesas, sándwiches, bocadillos, patatas, salchichas, kebabs, etc.

- *Delivery food* o establecimientos de comida a domicilio o de entrega: son similares a los anteriores y en algunos casos ofrecen los dos servicios, con la posibilidad del servicio a domicilio. Generalmente son pizzerías, comida japonesa, etc.

- *Take away* o comida para llevar: en estos establecimientos los productos son para su consumo exclusivamente fuera del lugar de compra, generalmente son establecimientos de pollos asados, aunque hoy en día tienen una oferta más amplia.

- *Self-service* o autoservicio: en estos establecimientos es el cliente el que se sirve, eligiendo entre una variedad de productos ya empaquetados y que paga. El servicio es rápido y con poco coste de personal para la empresa.

- **Bufé**: son establecimientos similares al autoservicio donde el cliente podrá elegir sobre una oferta de platos ya elaborados, y otros por elaborar, normalmente decorados de una forma especial; la forma de cobro suele ser un precio general por el cual el cliente puede consumir todos los productos que desee.

- *Drugstore* o restauración permanente: establecimientos que, además de bocadillos, bollería, bebidas, aperitivos, etc., venden otro tipo de productos y que están disponibles las 24 horas. Últimamente este tipo de servicio lo están adoptando establecimientos de *fast food* (McDonald's, Burger King).

- *Vending* o restauración automática: son los productos de alimentación y bebida que obtenemos en las máquinas expendedoras, las cuales están sufriendo un gran avance en los últimos años. Estos avances consiguen que en la actualidad podamos disfrutar de alimentos recién regenerados y calientes en estos puntos de venta.

- *Catering*: empresas dedicadas a la prestación externa de servicios de bebidas y comidas que pueden estar acompañados de otros servicios como decoración, menaje, personal, etc. Disponen de todo lo necesario para la celebración de distintos eventos.

— **Restauración complementaria**: se refiere a los servicios complementarios que nos ofertan en los alojamientos hoteleros como puedan ser el *room-service,* piano-bar, minibar, etc.

Calificación de los restaurantes

Actualmente podemos encontrar distintos tipos de calificaciones en los restaurantes, atendiendo a su categoría, concepto o tipo de cocina.

La calificación de los restaurantes por categoría: tradicionalmente, en España se han clasificado atendiendo a la Orden, de 17 de marzo de 1965, (BOE 29 de marzo de 1965) de Ordenación Turística de Restaurantes, del Ministerio de Información y Turismo (derogada en 2010). En la actualidad la competencia es de las comunidades autónomas, las cuales tienen sus legislaciones específicas, manteniendo algunas comunidades las mismas formas de calificación.

Legislación estatal

— Orden de 17 de marzo de 1965 (BOE 29 de marzo de 1965) de Ordenación Turística de Restaurantes, Ministerio de Información y Turismo.

— Orden de 18 de marzo del mismo año (BOE 29 de marzo de 1965) de Ordenación Turística de Cafeterías, Ministerio de Información y Turismo.

Estas normas han sido modificadas por la Orden de 29 de julio de 1978 (BOE de 19 de julio 1978) del Ministerio de Comercio y Turismo, por la que se modifican las normas de menús y cartas de restaurantes y cafeterías.

Posteriormente, fueron derogadas por el Real Decreto 39/2010, de 15 de enero, por el que se derogan diversas normas estatales sobre acceso a actividades turísticas y su ejercicio.

El Real Decreto 3484/2000, de 29 de diciembre, (BOE de 12 de enero de 2001), establece las normas de higiene para la elaboración, distribución y el comercio de comidas preparadas.

La legislación pasó a depender de las comunidades autónomas con la derogación de la orden en el año 2010, legislando cada una la suya propia.

Legislaciones autonómicas

Las leyes vigentes (competencias legislativas) de cada comunidad autónoma son:

— Andalucía

    Decreto 198/1987, de 26 de agosto, por el que se establecen determinadas medidas en defensa de consumidores y usuarios para los establecimientos de restauración y similares.

— Asturias

    Decreto 32/2003, de 30 de abril, de ordenación de la actividad de restauración.

— Canarias

    Ley 7/1995, de 6 de abril, de Ordenación de Turismo de Canarias.

    Ley 17/2009, de 30 de diciembre, por la que se modifica la Ley 7/1995, de 6 de abril, de Ordenación de Turismo de Canarias.

    Decreto 41/2019, de 1 de abril, que modifica el Decreto 90/2010, de 22 de julio, por el que se regula la actividad turística de restauración, y establecimientos donde se desarrolla, y el reglamento por el que se establece el régimen jurídico para el desarrollo de actividades de turismo activo aprobado por Decreto 226/2017, de 13 de noviembre (Boletín Oficial de Cantabria de 15 de abril de 2019).

— Castilla y León

    Ley 14/2010, de 9 de diciembre, de Turismo de Castilla y León.

Ley 17/2009, de 23 de noviembre, sobre el libre acceso a las actividades de servicios y su ejercicio.

Orden de 14 de mayo de 1999, de la Consejería de Industria, Comercio y Turismo, por la que se regula el procedimiento de autorización, funcionamiento y clasificación de los establecimientos de restauración.

— Cataluña

Decreto 317/1994, de 4 de noviembre, de Orientación y Clasificación de Establecimientos de Restauración.

— Ceuta

Reglamento para la clasificación de establecimientos turísticos y para la regulación de sus horarios de apertura y cierre.

— Islas Baleares

Decreto 2/1992, de 16 de enero, por el que se regula la oferta turística complementaria en la Comunidad Autónoma de las Islas Baleares.

Orden, de 6 de julio de 1992, por la que se desarrolla el Decreto 2/92, de 16 de enero.

Decreto 54/2005, de 20 de mayo, por el que se regula la oferta de restauración de la Comunidad Autónoma de Illes Balears (BOIB del 28 de mayo de 2005).

— Extremadura

Decreto 181/2012, de 7 de septiembre, por el que se establece la ordenación y clasificación de las empresas de restauración de la Comunidad Autónoma de Extremadura.

Por Orden de 10 de septiembre de 1993, se crea la distribución de Restaurante Gastronómico Regional y se determinan los requisitos necesarios para la obtención de tal calificativo.

— País Vasco

Decreto 17/2019, de 5 de febrero, por el que se aprueba el Reglamento desarrollo de la Ley de Espectáculos Públicos y Actividades Recreativas.

Decreto 148/1993, de 18 de mayo, por el que se amplían los supuestos de reclasificación administrativa de los establecimientos de restauración.

— Galicia

Ley 7/2011, de 27 de octubre, del turismo de Galicia.

— Comunidad de Madrid

Ley 1/1999, de 12 de marzo, de Ordenación de Turismo de la Comunidad de Madrid, modificada por la Ley 1/2003, de 11 de febrero (BOCM de 26 de febrero de 2003).

Decreto 184/1998, de 22 de octubre, por el que se aprueba el Catálogo de Espectáculos Públicos, Actividades Recreativas, Establecimientos, Locales e Instalaciones.

Decreto 94/2002, de 6 de junio (BOCM de 27 de junio de 2022), por el que se regula el Registro General de Empresas y entidades Turísticas.

Orden 1688/2022, de 25 de abril (BOCM de 6 mayo de 2022), de la Consejería de Economía e Innovación Tecnológica sobre la comunidad de los precios del sector de la restauración a la Dirección General de Turismo.

Real Decreto 3484/2000, de 29 de diciembre, por el que se establecen las normas de higiene para la elaboración, la distribución y el comercio de comidas preparadas.

— Región de Murcia

Decreto 37/2011, de 8 de abril, por el que se modifican diversos decretos en materia de turismo para su adaptación a la Ley 11/1997, de 12 de diciembre, de Turismo de la Región de Murcia tras su modificación por la Ley 12/2009, de 11 de diciembre, por la que se modifican diversas leyes para su adaptación a la Directiva 2006/123/CE del Parlamento Europeo del Consejo, de 12 de diciembre de 2006, relativa a los servicios en el mercado interior.

Decreto 127/2005, de 11 de noviembre, por el que se regulan los establecimientos de restauración en la comunidad autónoma de la región de Murcia (vigente hasta el 13 de enero de 2014).

— Navarra

Decreto Foral 202/2002, de 23 de septiembre, por el que se aprueba el catálogo de establecimientos, espectáculos públicos y actividades recreativas y se regulan los registros de empresas locales.

— La Rioja

Ley 2/2001, de 31 de mayo, de Turismo de La Rioja.

Decreto 17/2011, de 4 de marzo, por el que se aprueba el Reglamento de desarrollo de la Ley 2/2001, de 31 de mayo, de Turismo de La Rioja.

Decreto 15/2013, de 10 de mayo, por el que se modifica el Decreto 14/2011, de 4 de marzo, por el que se aprueba el Reglamento de desarrollo de la Ley 2/2001, de 31 de mayo, de Turismo de La Rioja.

— Comunidad Valenciana

Decreto 36/2023, de 24 marzo, del Consell por el que se regulan los establecimientos de restauración en la Comunidad Valenciana, la Red Gastroturística y L'Exquisit Mediterrani (DOGV de 3 de abril de 2023).

Decreto 1/2002, de 14 de enero, del Consell, de regulación del Registro de Turismo de la Comunidad Valenciana.

Ley 15/2018, de 7 de junio, de Turismo, Ocio y Hospitalidad de la Comunidad Valenciana (DOGV de 3 de abril de 2023).

Decreto 2/2017, de 24 de enero, del presidente de la Generalitat, por el que se establecen los distintivos correspondientes a las empresas y a los establecimientos turísticos de la Comunidad Valenciana.

Decreto 54/2010, de 31 de marzo, del Consell, por el que se modifica el Decreto 7/2009, de 9 de enero, regulador de los establecimientos de restauración de la Comunidad Valenciana (DOGV número 6239, de 6 de abril de 2010.

Además, las asociaciones de restauradores en cada comunidad disponen de información para poder asesorar.

Los parámetros genéricos más comunes son:

De uno a cinco tenedores; cada restaurante debe tener un mínimo en su infraestructura para pertenecer a una categoría de esta **calificación**.

— **Un tenedor**: los **restaurantes** de un **tenedor** deben ofrecer baño de damas y también de caballeros, por separado, y su personal debe tener un mínimo de capacitación.

— **Dos tenedores**: a los requisitos de la primera categoría se agrega la exigencia de presentar el salón, el mobiliario y la vajilla en buenas condiciones. La cocina debe poseer por lo menos una campana extractora de aire para evitar los olores a comida en el salón.

— **Tres tenedores**: en esta categoría se exige mayor calidad en vajilla, copas y cubiertos, los cuales deben estar en excelentes condiciones. El área del salón debe estar correctamente ventilada y debe ser espaciosa. En los baños, los servicios deben incluir varios sanitarios en cada uno, así como agua caliente en sus grifos. El **restaurante** debe disponer de servicio telefónico inalámbrico y el personal (que incluye en la cocina y en el salón a jefes de cada sector) debe de estar correctamente uniformado.

— **Cuatro tenedores**: cumplidos los requisitos exigidos en la categoría de tres **tenedores**, los **restaurantes** de este nivel deberán además presentar mantelería y servilletas de tela, las mesas deben tener una separación de cincuenta centímetros mínimamente entre una y otra. Entre el personal se deben incluir también un jefe de cocina, un segundo jefe de cocina y un *maître* que sea por lo menos bilingüe. El **restaurante** debe poseer una cava o bodega de vinos.

— **Cinco tenedores**: es la más alta **calificación** para los **restaurantes**. Se distinguen en todas las áreas y servicios ofrecidos. La vajilla debe ser óptima, las copas de cristal y los cubiertos de metal plateados. El personal de cocina debe de estar capacitado y especializado por áreas (entradas, platos y postres) y el de salón también (*maître*, barman, mozos). La climatización del salón y su decoración deben ser cuidados y de excelente calidad.

La **calificación de los restaurantes** a nivel internacional varía en función de los países y sus regulaciones, incluye la evaluación de las instalaciones, de la capacitación del personal, del tipo de servicio, de la vajilla e incluso de los baños.

Dentro de estas calificaciones por categoría han cobrado fuerza en los últimos años empresas privadas que otorgan distinciones a los establecimientos de hostelería con criterios propios. Estos criterios los marcan las propias compañías. Dentro de estas distinciones podemos conocer a nivel internacional la Guía Michelin donde se reconoce a más de 2000 restaurantes en todo el mundo y se distinguen con estrellas las categorías de estos restaurantes de la siguiente manera:

— **Una estrella** designa un restaurante muy bueno en su categoría.

— **Dos estrellas**, calidad de primera clase en su tipo de cocina.

— **Tres estrellas**, cocina excepcional que merece de por sí el viaje.

Otra de las más importantes distinciones es The World´s 50 best restaurant, lista que enumera a los cincuenta mejores restaurantes del mundo.

En España y Portugal también tiene un gran reconocimiento la Guía Repsol que en la actualidad cataloga con las siguientes distinciones:

— **Recomendado**: viene a decir que los críticos consideran interesante el restaurante según los criterios expuestos.

— **Un sol**: buena variedad de platos con una cocina excelente.

— **Dos soles**: buena variedad de platos de gran calidad con una calidad excelente en la cocina y el servicio.

— **Tres soles**: calidad y excelencia en todos los ámbitos de restaurante: cocina, servicio y calidad de las elaboraciones, lo cual merece el viaje.

Calificación de restaurante por concepto. Este tipo de calificación se define de acuerdo con las costumbres, los requerimientos personales, hábitos y tipología de los clientes.

— **Restaurante *gourmet*.** En estos locales los alimentos son de alta calidad, así como el servicio en mesa y platos muy bien elaborados. Por lo general, todo gira en torno al chef principal.

— **Restaurante de especialidad.** Variedad limitada de estilo de cocina, y menú con diferentes platillos en torno a la especialidad del lugar; tienden a confundirse con los restaurantes étnicos en los que su menú gira en torno a una región o comarca. Podremos encontrar comidas vegetarianas, macrobióticas, carnes rojas, caza, marisco, etc.

— **Restaurante familiar.** Aquí el servicio se basará en productos asequibles, servicio más básico, pero bastante confortable. Dentro de esta tipología podemos encontrar franquicias, pequeños negocios familiares o restaurantes de barrio con una carta más tradicional.

— **Restaurante bufé.** Los clientes pueden elegir entre una gran variedad de platos dispuestos a modo de autoservicio. Generalmente el precio se fija por persona y lo más importante es el precio, así como la cantidad y variedad de comida.

— **Restaurante de comida rápida.** Este tipo de restaurantes son informales, con productos simples y de rápida preparación, con poco o nulo servicio en mesas. Aquí podemos encontrar la gran mayoría de franquicias que suelen ser los negocios más fáciles a la hora de emprender.

— **Restaurantes temáticos.** Dentro de esta clasificación podemos encontrar, de acuerdo con el tipo de comida, italianos, japoneses, indios, chinos, o restaurantes de espectáculos, que generalmente están asociados a algún personaje, música, etc. Este tipo de restaurantes suelen tener más afluencia de turistas.

— **Comida para llevar**. Este tipo de establecimientos suele tener una amplia carta con mucha variedad de aperitivos, primeros, segundos y postres. En estos establecimientos no se dispone de espacio para el consumo, únicamente sirven para el consumo fuera de sus instalaciones; no se debe confundir con el servicio a domicilio que, en la actualidad, ofrecen la mayoría de los restaurantes.

— **Calificación de restaurante por tipo de cocina**. Esta clasificación hace referencia a la naturaleza de sus platos y a su preparación.

— **Alta cocina**. Como podemos deducir, este tipo de establecimientos trabaja con los mejores productos y de mayor calidad, así como con las técnicas más sofisticadas y vanguardistas en la elaboración de sus recetas.

— **Cocina técnico-conceptual**. Son establecimientos donde el chef está en constante evolución de recetas y técnicas innovadoras donde el producto no es tan exclusivo y es más la combinación de distintos productos.

— **Cocina de vanguardia**. Muy similar a la anterior, el chef tiene que innovar con técnicas novedosas y actuales de la gastronomía, con el uso de productos o ingredientes menos conocidos o poco convencionales y con un servicio también novedoso con vajillas y accesorios que no son comunes en una preparación determinada.

— **Cocina de autor**. Asociada a las dos anteriores, en esta, el chef, por sus conocimientos y experiencia, da a los platos un sello único donde suele servir un menú degustación con las elaboraciones creadas por él.

— **Cocina clásica**. También conocida como cocina tradicional, se trata de un concepto donde la comida que se sirve está asociada a una localidad, región o pueblo y a recetas típicas de tiempo atrás. Este tipo ofrece muchas opciones dependiendo del lugar donde estemos.

Estructuras organizativas

Dentro de las empresas o los establecimientos de restauración, existen distintas áreas funcionales o departamentos.

— **Administración o contabilidad**: en este departamento se realizan las tareas clásicas de cualquier empresa como son la planificación, organización, dirección y el control. Este, en empresas pequeñas, lo puede gestionar el mismo dueño o en ocasiones se externaliza a gestorías.

— **Recursos humanos**: es el departamento encargado de las contrataciones de personal y, como en el anterior, también es el propietario quien realiza estas tareas.

— **Economato o bodega**: es el departamento encargado de realizar las compras y el almacenaje de mercaderías. Son departamentos pequeños con poco personal y que, como en los anteriores, si el volumen de compras de la empresa no es muy grande, suele ser desempeñado por el propietario de la empresa. En las empresas o los establecimientos más grandes puede estar diferenciado en dos subdepartamentos:

- Economato o almacén, encargado del almacenaje de la mercadería.

- Bodega, encargado del orden y conservación de los vinos.

— **Cocina**: es un departamento importante junto con el de sala o comedor. Es la zona de producción o transformación de las materias primas en nuestro producto final que consumirá nuestro cliente. Dentro de la cocina podemos distinguir partidas o departamentos. Los más comunes son: cuarto frío, *entremetier,* salsero y pastelería.

- Cuarto frío: zona donde se realiza la recepción de las materias primas y se limpian o preelaboran los distintos platos, así como también se elaboran los platos fríos.

- *Entremetier:* zona donde se elaboran los primeros platos y entrantes calientes.

- Salsero: zona o partida donde se elaboran carnes y pescados, además del resto de platos principales.

- Pastelería: partida donde se elaboran los postres y masas dulces que se ofrecerán en nuestra carta.

Además de las distintas partidas, en la cocina podemos encontrar la zona de limpieza y desbarasado de la vajilla, la cual está compuesta por el *office* y la *plonge,* lugares donde, además de limpiar la vajilla o batería de cocina, también se almacenan y guardan dichos materiales.

Por último, hay que hacer referencia a la zona de entrega o pase, en la cual se realiza el emplatado y decoración del plato, que debe mantener a la temperatura adecuada la elaboración hasta que el camarero retira la elaboración.

— **Sala o comedor**: es, junto con la cocina, el departamento más importante, ya que es nuestro punto de venta y donde se realiza el consumo de las elaboraciones realizadas previamente en nuestra cocina. Es un espacio físico donde la decoración y demás elementos darán valor a nuestro producto final. Para ello, este departamento debe tener una conexión y coordinación perfecta con la cocina.

1.2. Competencias básicas de los profesionales que intervienen en el departamento

Funciones del personal de la sala

El equipo de sala ha de contar con una jerarquía para el mejor funcionamiento. En la sala, el equipo tiene que estar coordinado y con una clara división de tareas.

Antes de pasar a citar las tareas de cada miembro de la brigada, quien forma parte de un equipo de sala ha de conocer estas palabras que han de ser un requisito mínimo para poder formar parte de él: responsabilidad, sinceridad, honestidad, tolerancia, comunicación, compañerismo, aprendizaje, solidaridad, respeto y superación.

MAÎTRE O JEFE DE COMEDOR

— Es el responsable de la sala y de su brigada (personal de la sala).

— Elabora cuadrantes de trabajo, festivos y vacaciones, y organiza las tareas.

— Supervisa la política de la brigada a su cargo tanto en uniformidad como en higiene de estos.

— Controla y hace el inventario del material y los equipos asignados a sus departamentos.

— Recibe y toma comanda a los clientes.

— Informa y asesora a los clientes de la oferta gastronómica del establecimiento.

— Elabora junto con el jefe de cocina y el sumiller toda la oferta gastronómica del establecimiento.

— Supervisa en todo momento la facturación.

— Atiende y resuelve las quejas y reclamaciones del cliente.

— Organiza el trabajo y el personal a su cargo con el fin de atender las necesidades del servicio en todo momento.

MAÎTRE O SEGUNDO JEFE DE COMEDOR

Tiene las mismas funciones del primer *maître*, lo sustituye en vacaciones y en el turno cuando no colabora con él.

SUMILLER

— Es el responsable de todas las bebidas del establecimiento.

— Es el encargado de las compras y la conservación de todas las bebidas.

— Confecciona la carta de vinos y otras bebidas.

— Toma la comanda de los vinos y otras bebidas.

— Asesora a los clientes sobre las bebidas que mejor armonicen con los manjares solicitados en cada momento del servicio.

— Es el encargado del servicio de todas las bebidas junto con su ayudante.

— Controla los *stocks* de bebidas y realiza inventarios de todas ellas.

— Mantiene en perfecto estado de temperatura todas las bebidas del establecimiento, así como su conservación y buen estado de almacenamiento hasta su consumo, garantizando las características organolépticas de cada bebida de la oferta gastronómica del establecimiento.

JEFE DE SECTOR

Responsable del servicio en su sector, supervisa su buen funcionamiento y alguna vez toma la comanda.

JEFE DE RANGO

Es el encargado del servicio de las mesas de su rango, es decir, de un grupo de mesas. Sus funciones son:

— Realiza el servicio de mesas atendiendo al método de servicio que esté estipulado.

— Asesora al cliente cuando este lo solicite.

— Elabora y termina platos a la vista del cliente.

— Toma la comanda de postres y cafés si es necesario.

— Realizará la *mise en place* de su rango con su ayudante.

AYUDANTE DE JEFE DE RANGO

Está bajo la supervisión constante de su jefe inmediato y sus funciones son:

— Realiza las operaciones de preservicio, el repaso del material y montaje de mesas y aparadores de su rango.

— Pone en marcha el recorrido de la comanda para cada departamento.

— Trasporta los manjares y bebidas. Realiza la técnica de desbarasado de las mesas hasta el *office*.

Organigrama de un restaurante tradicional:

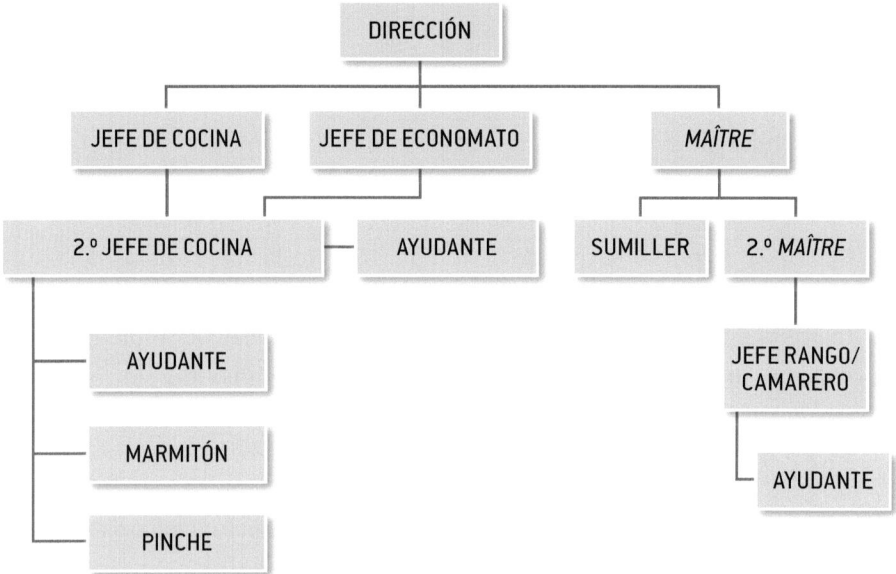

Funciones del personal de cocina

JEFE DE COCINA

— Es el responsable de la cocina.

— Elabora cuadrantes de trabajo, festivos y vacaciones, y organiza las tareas.

— Supervisa la política del personal de cocina a su cargo tanto en uniformidad como en higiene de estos.

— Controla y hace el inventario del material y los equipos asignados a sus departamentos.

— Elabora junto con el *maître* y el sumiller toda la oferta gastronómica del establecimiento.

— Supervisa en todo momento la facturación.

— Atiende y resuelve las quejas y reclamaciones del cliente.

— Organiza el trabajo y el personal a su cargo con el fin de atender las necesidades del servicio en todo momento.

SEGUNDO JEFE DE COCINA

— Las mismas tareas del jefe de cocina en su ausencia.

— Es el encargado del departamento.

— Apoya a las partidas cuando lo necesitan.

— Ayuda en la reposición de géneros para el departamento.

— Comprueba las raciones y el peso de las materias primas.

JEFE DE PARTIDA

— Cocinero encargado de su partida. Elabora, condimenta la elaboración y la traslada a la zona de pase.

— Reparte las tareas de su partida.

— Elabora los vales del economato para reposición de género.

— Es la persona responsable del buen rendimiento de las materias primas.

— Creará tantas partidas como sea necesario.

ENTREMETIER

— Elabora los primeros platos de la oferta gastronómica del establecimiento (sopas, cremas y potajes).

— Elabora las guarniciones de los manjares.

REPOSTERO O PASTELERO

— Elabora toda la oferta de postres tanto fríos como calientes del establecimiento.

— Prepara las masas y pastas.

— En ocasiones, elabora todo el pan del establecimiento.

MARMITÓN

— Encargado de la limpieza y el orden de la batería y demás utensilios de la cocina, su estado y conservación.

En esta nueva edición del libro *Uso de la dotación básica del restaurante y asistencia en el preservicio* hago una pequeña reflexión. Hace unos días, buscando material actualizado, legislaciones, disposiciones, etc., me topé con unas entrevistas con profesionales del sector que hablan sobre sus tarea y visiones de la restauración y que, a continuación, paso a citar haciendo un breve resumen de cómo vemos la hostelería en 2024.

Qué es el oficio de camarero, como a ellos les gusta que los llamen. Que la hostelería está en pleno cambio es evidente, pero aun así hay que poner en valor el contenido de este manual, que está enfocado a la explicación del sector de la restauración tradicional sabiendo que hay que mirar al pasado para poder continuar avanzando hacia el futuro.

Las tendencias están cambiando y caminan hacia los equipos de trabajo, las personas o la modernización del horario de trabajo. Se está trabajando en desencorsetar las técnicas de servicio, en crear una nueva organización y mejores restaurantes, pero también en ser capaces de hacer críticas constructivas que ayuden a mejorar el día a día. Cuando pienso en el presente veo a jóvenes pisando fuerte y a comensales demandando otras ofertas gastronómicas más flexibles.

Desde la creación en el año 2011 de la Facultad de Gastronomía, Basque Culinary Center, el crecimiento de nuevos conceptos y maneras de trabajar en este oficio de servir, que en tiempos pasados se pasaba de aprendiz a camarero, ha dado muchas vueltas. Ahora se cuida cada detalle, la escucha es activa y constante.

Respecto al cliente, las expectativas como consumidor también han evolucionado y cada vez se valora más el trato cercano pero profesional, aunque sin esa línea imaginaria que tanto se remarcaba en la restauración tradicional. Se le presta mucha más atención al trato que se da que en años pasados era algo más frío y con escuchas menos activas. Por ello, la gastronomía en España tiene un progreso continuo.

La cocina de hoy representa un sentido de orgullo y pertenencia que hay que poner en valor, pues forma parte de nuestra cultura. Y, por supuesto, también el servicio de vinos con los sumilleres.

Por último, el servicio es la guinda del pastel del proceso gastronómico que hay detrás de cada elaboración que servimos a los comensales que vienen a nuestros restaurantes. Somos el último eslabón y el más cercano al cliente; los camareros somos los encargados de poner en valor la labor que realiza cada una de las personas que participa, desde el sector primario (ganaderos, pescadores, agricultores, y un largo etcétera) hasta la cocina con el fin de que las personas puedan ver y degustar el resultado final, que no es más que una bonita cadena de profesionales con el mismo fin.

"EL FUTURO DE LA GASTRONOMÍA ESTÁ EN EXPERIENCIAS ÚNICAS"

(Josep Roca)

ORGANIZA TUS IDEAS

El restaurante tradicional como establecimiento y como departamento

Restauración comercial

— Restauración tradicional:

- Restaurantes
- Cafeterías
- Bares

— Neorestauración o restauración evolutiva:

- *Fast food* o comida rápida
- *Delivery food* o establecimientos de comida a domicilio o de entrega
- *Take away* o comida para llevar
- *Self-service* o autoservicio
- Bufé
- *Drugstore* o restauración permanente

- *Vending* o restauración automática
- *Catering*

— Restauración complementaria

Calificación de los restaurantes

— Calificación de los restaurantes por categoría

— Calificación de los restaurantes por concepto:

- Restaurante *gourmet*
- Restaurante de especialidad
- Restaurante familiar
- Restaurante bufé
- Restaurante de comida rápida
- Restaurante temático
- Comida para llevar

— Calificación de los restaurantes por tipo de cocina:

- Alta cocina
- Cocina técnico-conceptual
- Cocina de vanguardia
- Cocina de autor
- Cocina clásica

Estructuras organizativas

— Administración o contabilidad

— Recursos humanos

— Economato o bodega:

- Economato o almacén, encargado del almacenaje de la mercadería
- Bodega, encargado del orden y conservación de los vinos

— Cocina:

- Cuarto frío
- *Entremetier*
- Salsero
- Pastelería

— Sala o comedor

Competencias básicas de los profesionales que intervienen en el departamento

Funciones del personal de la sala

— *Maître* o jefe de comedor

— *Maître* o segundo jefe de comedor

— Sumiller

— Jefe de sector

— Jefe de rango

— Ayudante de jefe de rango

Organigrama de un restaurante tradicional

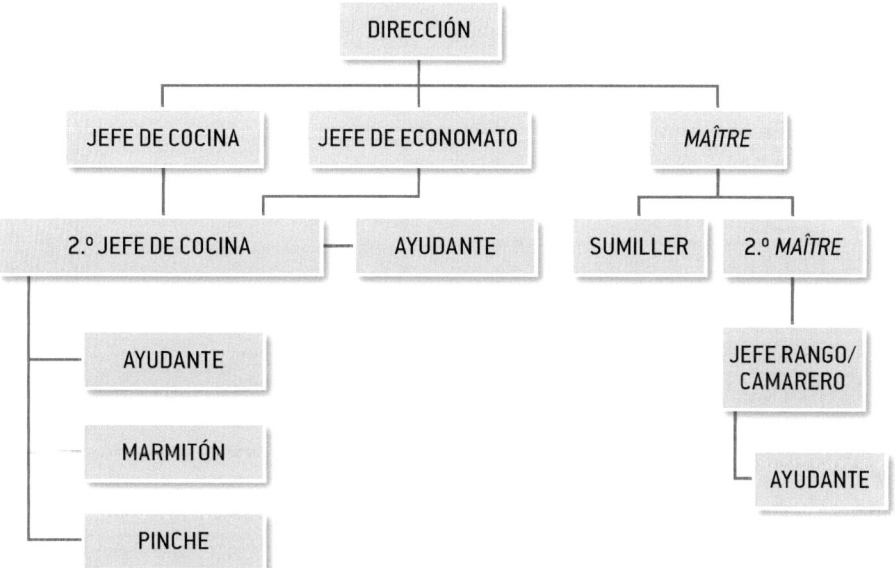

Funciones del personal de cocina

— Jefe de cocina

— Jefe de partida

— *Entremetier*

— Repostero o pastelero

— Marmitón

AUTOEVALUACIÓN

1.1. Cita las ramas en que se divide la restauración.

1.2. ¿Cuáles son las características de la restauración tradicional y cómo se divide?

1.3. ¿Qué conocemos como neo-restauración?

1.4. Explica qué tipo de oferta gastronómica es el *take away.*

1.5. Desarrolla los parámetros legales en la clasificación de los restaurantes.

1.6. ¿Cuál de estas funciones no pertenecen al *maître*?

    a) Elabora cuadrantes de trabajo, festivos y vacaciones, y organiza el trabajo.

    b) Es el responsable de todas las bebidas del establecimiento.

    c) Recibe y toma comanda a los clientes.

    d) Supervisa la facturación.

1.7. Cita las funciones que desempeña el sumiller.

1.8. ¿Quién es el responsable de la cocina? Enumera sus funciones.

1.9. Señala la respuesta verdadera: el *entremetier…*

    a) Elabora la oferta de postres del establecimiento.

    b) Es el encargado de la limpieza y el orden de la batería y demás útiles de la cocina, su estado y conservación.

    c) Elabora los primeros platos de la oferta gastronómica del establecimiento (sopas, potajes y guarniciones de los manjares).

    d) Toma la comanda y asesora a los clientes que lo soliciten.

1.10. Señala las respuestas falsas: forman parte de la brigada de la sala…

a) Jefe de cocina.

b) Segundo jefe de cocina.

c) Jefe de partida.

d) Repostería.

e) Jefe de sector.

f) Jefe de rango.

g) Marmitón.

h) *Entremetier.*

Reto:

En este tema te animo a buscar información sobre las normativas que regulan los bares, restaurantes y cafeterías y a realizar una investigación. Elige una comunidad autónoma española para poder profundizar en este tema y poder comparar las leyes y disposiciones que constantemente se actualizan para la mejora de los usuarios de la restauración y para los profesionales de dicho sector.

2. Los establecimientos de servicio a colectividades

Contenido

2.1. Definición, caracterización y modelos de organización de sus diferentes clases

2.2. Competencias básicas de los distintos tipos de profesionales de estos establecimientos

2.1. Definición, caracterización y modelos de organización de sus diferentes tipos

El término *catering* proviene del inglés *to cater* cuyo significado es «abastecer». Aplicado a la industria de la restauración significaría abastecer de alimentos cocinados de consumo en diferentes colectivos.

Historia del *catering*

Ya en la antigua Roma este servicio se venía utilizando para abastecer a los soldados y, un poco más tarde, a las necesidades de los viajeros en las rutas comerciales. Ya los monasterios ofrecían servicio de *catering* a los cristianos en sus peregrinaciones y con ello se ayudó a la expansión de la restauración por Europa; algo más tarde se empezó a cobrar por dicho servicio. La mayor popularidad fue en Alemania, donde regulaban la calidad de los alimentos. Por otra parte, los primeros en emplear el servicio de *catering* fueron los buques mercantiles y algún tiempo después se incorporó a los medios de transporte, en especial al servicio aéreo.

Clasificación

LOS ESTABLECIMIENTOS DE COLECTIVIDADES

También llamados de «restauración social», van dirigidos a personas que por cualquier causa se ven obligadas a hacer uso de este servicio en centros o instituciones.

La mayoría de estos servicios son de uso restringido a personas de un grupo limitado (enfermos, presos, estudiantes, militares…).

Estos centros son:

Centros sanitarios
Hospitales
Centros geriátricos
Penitenciarías
Centros de enseñanza
Empresas privadas y públicas
Cuarteles y bases militares
Instituciones del Estado

Características: al ser un servicio complementario a una actividad principal, el servicio y los productos suelen ser limitados. Este tipo de servicio en ocasiones está subcontratado mediante la fórmula de *catering*.

La comida está elaborada en cocinas *in situ* o en cocinas centrales que se distribuyen por los centros y demás cocinas a las que la empresa preste este servicio.

— La oferta es limitada, el cliente lo usa o no.

— Los productos son de cuarta y quinta gama, de coste bajo.

— Realizan una importante inversión en tecnología y maquinaria para poder elaborar grandes cantidades de comida y su conservación con cámaras que garanticen el producto hasta su consumo.

— Los horarios se ajustan a la actividad principal.

— Los precios de este tipo de restauración son bajos para el cliente; las empresas de *catering* son elegidas en concursos abiertos.

— Los controles en seguridad e higiene son exhaustivos por el riesgo que conlleva la elaboración de grandes cantidades de comida y su conservación.

SERVICIO DE *CATERING* DE EVENTOS SOCIALES

Este tipo de servicio comprende la elaboración de los alimentos, su distribución en distintos recipientes isotérmicos y el transporte y servicio en lugares diferentes a su elaboración.

Ofertas gastronómicas

CELEBRACIONES

Son platos preparados para ser servidos a cada persona.

La oferta puede ser desde un plato único o un menú completo hasta diferentes platos que se pueden ofertar a lo largo del día como desayunos, comidas, cenas…

BUFÉ

Con autoservicio, donde el propio comensal se hace su propio menú. Este se coloca para que el cliente se mueva con facilidad y puede ser asistido por personal o no. Su tipo de oferta se expone en estaciones o islas; la oferta puede ser tan amplia como grupos de alimentos haya.

COFFEE BREAK

Es un término utilizado en las paradas de reuniones, cursos o eventos en general, en las cuales se le ofrece al comensal un café, bollería pequeña, zumo y algún otro tentempié para después continuar con su reunión. La duración suele ser de pocos minutos.

BANQUETES

Es un servicio especial en el cual hay un gran número de comensales. Para este tipo de oferta hay que tener un gran número de medios materiales, aunque en ocasiones se alquilan desde sillas y mesas, hasta lencería…

CÓCTEL

Se le conoce como vino español. Se trata de un servicio en el que el cliente permanece de pie, moviéndose libremente por la sala o zona destinada para este servicio mientras se le ofrecen bandejas de bebidas y alimentos. La oferta suele consistir en pequeñas piezas para ser consumidas de un solo bocado, que pueden ser canapés variados, quiche Lorraine, tortilla, etc., y bebidas como cerveza, con y sin alcohol, refrescos, zumos, etc. El montaje suele ser una barra, puntos de apoyo y control.

SERVICIO DE CATERING PARA CONSUMO EN MEDIOS DE TRANSPORTE

— Aeronaves y aviones; también en zonas de aeropuertos.

— Trenes de alta velocidad y autobuses por carretera.

— Barcos, transatlánticos y ferris.

2.2. Competencias básicas de los distintos tipos de profesionales de estos establecimientos

Director de cocina

Es el gestor que dirige la cocina desde una visión empresarial, el gerente de la empresa.

Jefe de producción

Debe poseer conocimientos de gestión y organización de la producción, dirección de RR. HH. y seguridad alimentaria, así como ciencia de los alimentos, dietética, nutrición, etc.

Supervisor

Posee un perfil similar al jefe de producción, pero con conocimientos complementarios.

Jefe de cocina

Es fundamental en cualquier cocina. Posee sensibilidad, dominio de técnicas, conocimientos de las materias primas y cultura culinaria. Debe mejorar rendimientos, ajuste de parámetros y revisión de fichas técnicas.

Ayudantes de cocina

Estos puestos los suele ocupar personal con poca experiencia, pero capaz de trabajar de forma limpia y ordenada.

Personal de limpieza

Es una parte importante en la cocina. Si falta limpieza y desinfección, se pone en peligro a toda la organización. Ha de conocer el plan de limpieza y el material que se debe utilizar.

Personal de sala

Realizan montajes de servicios especiales, banquetes, *coffee break,* etc. Además, atienden al cliente, así que habrá tantos camareros como rangos sean necesarios.

Repartidor

Traslada la mercancía en caso necesario y revisa que las condiciones de temperatura sean las adecuadas en cada caso.

ORGANIZA TUS IDEAS

Los establecimientos de servicio a colectividades

Clasificación

LOS ESTABLECIMIENTOS DE COLECTIVIDADES

Estos centros son:

Centros sanitarios
Hospitales
Centros geriátricos
Penitenciarías
Centros de enseñanza
Empresas privadas y públicas
Cuarteles y bases militares
Instituciones del Estado

Características:

SERVICIO DE *CATERING* DE EVENTOS SOCIALES

Ofertas gastronómicas

— Celebraciones

— Bufé

— *Coffee break*

— Banquetes

— Cóctel

— Servicio de *catering* para consumo de medios de transporte

Competencias básicas de los distintos tipos de profesionales de estos establecimientos

— Director de cocina

— Jefe de producción

— Supervisor

— Jefe de cocina

— Ayudantes de cocina

— Personal de limpieza

— Personal de sala

— Repartidor

AUTOEVALUACIÓN

2.1. Define *to cater*.

2.2. ¿Qué tipos de establecimientos de colectividades conoces?

2.3. Cita las ofertas gastronómicas del *catering*.

2.4. Explica qué es un cóctel.

2.5. Clasificación del *catering*.

Reto:

Prepara un *coffee break* para 50 PAX con el material necesario para su preservicio/servicio/postservicio. Elige si es a media mañana o tarde y si usas o no carros adicionales; el montaje de este servicio desde cero te ayudará en la autonomía y preparación para los próximos temas.

3. Utilización de maquinaria, equipos, útiles y menaje propios del área de restaurante

Contenido

3.1. Clasificación y descripción según características, funciones y aplicaciones

3.2. Ubicación y distribución

3.3. Aplicación de técnicas, procedimientos y modos de operación y control característicos

3.4. Aplicación de normas de mantenimiento de uso, control y prevención de accidentes

3.1. Clasificación y descripción según características, funciones y aplicaciones

Vamos a nombrar y describir la maquinaria, los equipos y el menaje que se utiliza en el área de restaurante.

Maquinaria y equipos (sala)

a) Mesas calientes
b) Baño maría
c) Carros
d) Calientaplatos
e) Calientafuentes
f) Infiernillo
g) T. P. V.
h) Armarios, cavas
i) Muebles para el bufé

a) **Mesa caliente:** es el punto de encuentro entre la cocina, mesa de pase y servicio de comedor. Su función es la de mantener los platos calientes para que al emplatar, sea en sala o por el personal de cocina, se mantenga la temperatura adecuada de consumo. En colectividades se emplea para mantener los manjares a la temperatura idónea hasta el consumo.

b) **Baño maría (o *chafing-dish*):** se utiliza especialmente para los servicios en bufé. Está formado por unas resistencias que mantienen la temperatura durante la exposición en el servicio.

c) **Carros:** los podemos encontrar de diseños distintos, diferentes materiales, pero todos ellos se usan para resaltar alguna parte del servicio. Hay algunos específicos como pueden ser de entremeses, postres, quesos, aceites, platos calientes, mariscos, legumbres, bebidas, flambeados…

d) **Calientaplatos:** al igual que la mesa caliente se utiliza para mantener los platos que vamos a emplear para el servicio de sala. Hay distintos diseños: con ruedas, estáticos, puerta superior, frontal, etc. Suelen estar repartidos por los comedores.

e) **Calientafuentes:** es un armario eléctrico que alberga un número variable de planchas. Mediante el calor que desprenden, las planchas se mantienen calientes durante su servicio.

f) **Infiernillo:** también lo llamamos *rechaud*. Es utilizado en sala para el repaso del material y para las elaboraciones de platos a la vista del cliente y va acompañado del *saute* (sartén).

g) **T. P. V. y comenderos:** T. P. V. es un acrónimo de terminal de punto de venta. Son unos dispositivos tecnológicos que ayudan en las tareas de gestión de un establecimiento de restauración y pueden contar con un sistema informático. Su incorporación ha supuesto un avance en el control de ventas y consumo de los establecimientos. El uso suele ser fácil e intuitivo para los camareros; cada uno tiene un código para acceder al programa y luego selecciona los productos solicitados por el cliente en la pantalla. Al instante, en cocina sale la comanda con lo solicitado para su puesta en marcha. De los comenderos hay que destacar que permiten el desplazamiento a las mesas del restaurante; estos dispositivos son un complemento a los otros.

h) **Armarios cavas:** están elaborados con materiales nobles y son utilizados para que los vinos del establecimiento estén a las temperaturas adecuadas para el consumo. Están situados en el comedor. Dentro del armario las temperaturas se regulan por baldas a través de varios termostatos. Las capacidades de estos armarios van en arreglo a las necesidades de los establecimientos.

i) **Mesa bufé:** es aconsejable tener a la entrada, o en un lugar privilegiado y visible del comedor, de una manera armónica, decorativa y limpia, la oferta gastronómica de nuestro establecimiento, de tal manera que nos distingan de los demás establecimientos; hacer algo que nos haga únicos.

3.2. Ubicación y distribución

Maquinaria y equipos (barra)

En la barra hay maquinaria diferente que en la sala para dar otros tipos de servicios.

a) Cámaras o botelleros
b) Máquinas de hielo
c) Escarchadora
d) Grifo expendedor de cerveza o varios
e) Cafetera exprés
f) Molinillo de café
g) Batidoras
h) Exprimidores
i) Microondas
j) Plancha
k) Lavavajillas
l) Picadora de hielo
m) Pila fregadero

n)	Termo de leche
o)	Expositores o vitrinas
p)	Estanterías
q)	Barra o mostrador
r)	Cubertería, vajilla, cristalería, lencería y material variado

a) **Cámaras o botelleros:** en todas las barras hay varios, que pueden ser de diferentes diseños. Se utilizan para conservar las bebidas y los comestibles a una temperatura de 4 ºC. La limpieza será diaria, con detergente recomendado que debe ser inodoro y un buen aclarado para quitar olores desagradables; se puede dar el último aclarado con vinagre; para ello se sacará todo el género y de paso podremos hacer un *relevé* de lo que falta para su reposición.

b) **Máquina de hielo:** es la responsable de nuestro hielo. La compra de máquinas como esta ha de adecuarse al consumo de hielo que necesitemos en nuestro negocio, es decir, es importante tener en cuenta la capacidad de producción. En función de la máquina que se tenga, los cubitos pueden ser huecos o macizos.

c) **Escarchadora:** este tipo de máquinas generan frío y dejan en la cristalería una capa de hielo. Se utilizan para servir cerveza, granizados, etc.

d) **Grifo de cerveza o varios:** se compone de barril, serpentín, anhídrido carbónico y grifo. De la instalación, el mantenimiento y la limpieza de interiores se encarga la empresa proveedora que nos suministra la bebida. Principalmente es cerveza, pero también se puede usar para otras bebidas como sidra, tinto de verano, vermut…

e) **Cafetera exprés:** es el tipo de cafetera más utilizado en la hostelería. Sus partes son caldera, grupos o conjuntos, bandejas calientatazas, portacacillos, cacillos, vaporizadores y una salida de agua caliente para elaboraciones de infusiones. Como se usa para la elaboración de un café, la temperatura de la caldera será de entre 90 ºC y 95 ºC y la presión ha de estar entre 1 y 1,5 atmósferas. La cantidad de carga para hacer una elaboración será de 6 a 8 gramos por preparado. Hay que prestar gran atención a la molienda para que esté lo más cercana posible al consumo y no pierda ninguna característica organoléptica retrasando el enranciamiento de los aceites del café. Después de la molienda, hay que prensar también la medida correcta; así al filtrar el agua no dará problemas y el resultado será un buen café con la crema correcta. La limpieza ha de ser extrema, ya que es el centro de atención en una barra. En el vaporizador se acumula una costra o capa de leche, así que es importante emplear una bayeta de uso exclusivo para el vaporizador y utilizarla cada vez que se caliente leche o cualquier otro líquido.

f) **Molinillo de café**: se compone de tolva, embudo, donde se sitúa el café en grano, y muelas trituradoras. Los granos han de tener en el grosor adecuado para el tipo de cafetera que utilicemos.

g) **Batidoras:** hay diversos tipos de máquinas para mezclar, batir… y cada una de ellas la utilizaremos para su cometido: *mixer* para elaborar batidos de **helado** + **leche** + **sirope** y los vasos americanos para batidos y bases de **frutas** + **hielo** + **zumos**. También se pueden elaborar **granizados**.

h) **Exprimidora:** es empleada solo para zumo de cítricos como naranja, limón, etc. Estas máquinas podemos encontrarlas en el mercado y pueden ser eléctricas o manuales. Estos líquidos se elaboran al momento y han de ser colados.

i) **Microondas:** su utilización se basa en calentar algún preparado en el bar con las consabidas precauciones de no poner metal o barro que no sea apto.

j) **Plancha:** se usa para la elaboración de sándwiches, tostadas, platos combinados, etc. La brigada de la barra ha de dominar las técnicas y su limpieza.

k) **Lavavajillas:** este equipo necesita toma de agua, desagüe y un enchufe. Es utilizado básicamente para el lavado de cristalería y utillaje del café. Los útiles que se usan en este tipo de limpieza son agua caliente (para desinfectar necesitamos más de 65 ºC), jabón y abrillantador. Es recomendable que la máquina se quede vacía, limpia y sin agua en su interior después de cada jornada de trabajo. Cuando se inicia la jornada laboral hay que tener la precaución de encenderla con anterioridad para que la resistencia se caliente.

l) **Picadora de hielo:** más conocida como *hielo pilé*, hace que el hielo sirva para cócteles, granizados y algún que otro alimento.

m) **Pila fregadero:** todas las barras han de estar dotadas de una, con agua caliente y fría. Son de acero inoxidable.

n) **Termo de leche:** recipiente de acero inoxidable que mantiene la leche a una temperatura constante, la cual se regula con un termostato. Esta temperatura será superior a 65 °C e inferior a los 85 °C para respetar las propiedades organolépticas y evitar la proliferación de bacterias.

o) **Expositores y vitrinas:** todos los alimentos que estén a la vista en la barra han de estar convenientemente cubiertos y a la temperatura óptima para el consumo.

p) **Estanterías:** de materiales de fácil limpieza y desinfección, han de estar más como elemento decorativo y de imagen que de almacenaje. En la actualidad, no se sobrecargan en exceso y se utilizan otros elementos decorativos.

q) **Barra o mostrador:** fabricados en materiales diversos, de gran resistencia y durabilidad y de fácil limpieza y desinfección, en la actualidad los hay de acero inoxidable, mármol o cristal. Deberán soportar los equipos y maquinaria que se instalen sobre ellos. Los diseños siempre serán funcionales aprovechando al máximo el espacio; podemos encontrar entrepaños donde poner la cristalería (copas, vasos, etc.); este entrepaño es el espacio existente de unos treinta centímetros ubicado debajo de la barra; además, se utilizará para la realización de la *mise en place*.

r) **Cubertería, vajilla, cristalería, lencería y material variado:**

Copas de cerveza	Jarras de cerveza	Vaso de combinación	Copa de balón	Copa de licor	Copa de jerez	Copa de cóctel	Vaso *on the rocks*
Tazas de desayuno	Tazas de moka	Tazas de café con leche	Copa de zumo	Copa de helado	Copa de cava	Cuchillo cebollero	Puntilla
Cuchillo jamonero	Cuchillo de sierra	Cuchara de moka	Cuchara de café con leche	Tenedor de *lunch*	Cuchillo de *lunch*	Servilletas	Palillos
Tabla de corte	Platos de postre	Plato de moka	Plato de café con leche	Paños y rejillas	Copa de agua	Copa de vino	Y demás material para la oferta de nuestro establecimiento

Mobiliario (restaurante)

Lo conforman todos los muebles que se ubican en la sala y barra del establecimiento, que pueden ser para uso del cliente o para uso del personal.

a) **Tableros o mesas**: en una sala podemos encontrar tableros y mesas de diferentes medidas. Los más usados son:

Cuadrados: 0,80 × 0,80 o 0,90 × 0,90.

Redondos: 0,6, 0,8, 1, 1,25, 1,6 metros de diámetro.

Rectangulares: 0,8 × 1,75, 1,25 × 1,75.

Dependiendo del tipo de montaje o el tipo de sala emplearemos unos u otros; en un restaurante es conveniente disponer de tableros y mesas de diferentes formatos.

Recomendaciones:

— La altura de las mesas será de ochenta centímetros, medida estándar para poder realizar montajes más complejos.

— El material más usado es la madera. Lo ideal son materiales resistentes con poco peso para su mejor transporte y manejo.

— Las medidas deben ser estándar y de fácil reposición.

— Hay que tener en cuenta que el espacio con el que debe contar un comensal en una mesa será de unos sesenta centímetros por cada lado.

b) **Sillas**: en el mercado hay una gran variedad de modelos y formas por lo que tendremos que decorar nuestro establecimiento respetando la armonía con ellas. Valoraremos también lo cómodas y manejables que sean para el servicio. La altura será de 45 centímetros, con respaldo no demasiado alto para facilitar el servicio, de fácil limpieza y, a poder ser, apilables para su mejor almacenamiento y transporte.

c) *Gueridones* o mesas auxiliares: utilizados exclusivamente por el personal, nos servirán como mesa auxiliar para el desarrollo del servicio. Apoyaremos en ellos el material y nos servirán para las elaboraciones a la vista del cliente o servicio a «la rusa». Estas mesas están elaboradas con materiales ligeros y deben respetar la decoración y estética del establecimiento. En algunos casos llevan ruedas.

3.3. Aplicación de técnicas, procedimientos y modo de operación y control característicos

Menaje (restaurante)

El menaje y el mobiliario constituyen la imagen del establecimiento junto con la decoración, por ello procuraremos que sean armónicos. El material utilizado lo clasificamos en: vajilla, cristalería, cubertería, lencería y otros.

A) **Vajilla:** es una de las partes fundamentales del establecimiento, tanto es así que hasta no hace mucho tiempo los grandes restaurantes tenían grabados sus propios anagramas y, en la actualidad, piden que les realicen platos diseñados exclusivamente para ellos. En el mercado existe una gran gama de productos, pudiendo encontrar distintos tamaños, formas o materiales. Los más utilizados son la loza, el vidrio y la porcelana.

- — Loza: barro fino cocido, poroso en su interior y de poco peso, de sonido opaco al ser golpeado, y bastante utilizado, es un complemento ideal para la vajilla; tiene el inconveniente de que se desportilla o descascarilla con facilidad.

- — Vidrio: tipo duralex, apariencia de vidrio, transparente y resistente, ligero de peso, duro y resistente, es económico y soporta bien los golpes. Sus inconvenientes principales son que se raya, además de romper con explosión al cambio de temperatura desintegrándose en pedazos pequeños. Es de gama baja, utilizado principalmente en residencias, colegios, cantinas, etc.

- — Porcelana: cerámica vidriada. Su composición es de caolín + feldespato + huesos de material no poroso, altamente resistente, muy duro y que se rompe sin desportillar, tiene larga duración y buena conservación. Su principal inconveniente es el precio, es el más caro de los materiales utilizados comúnmente. Por ello, en el mercado podemos encontrar distintas gamas y durezas a precios más asequibles.

En cuanto al diseño, en la actualidad podemos encontrar una gran variedad. A continuación, nombraremos las más comunes:

- — Plato base o presentación: es el plato que marca el servicio en la mesa, se puede retirar o permanecer durante el servicio y suele ser de un diámetro superior a los demás.

- — Plato trinchero: es el plato más usado en restauración, se usa para cualquier tipo de manjares o elaboraciones, como pescados, carnes, verduras, etc.

— Plato sopero: conocido como plato hondo, se utiliza para el servicio de sopas, potajes, pastas y arroces.
— Plato de pan: es más pequeño que el de postre y se utiliza para colocar el pan que acompañará el menú.
— Plato de postre o ensaladas: se usa para el servicio de postres en general y acompañamientos como ensaladas.
— Plato de consomé: este tipo de plato lleva una hendidura para que la taza no se deslice por el plato.
— Plato de café: al igual que el de consomé, lleva una hendidura para evitar el deslizamiento de la taza.

En cuanto a tazas, tenemos los siguientes formatos:

— Taza de moka: tiene una capacidad de 55 c. c., su uso es para café solo y cortado.

— Taza de café con leche, tiene una capacidad de 150 c. c., su uso es obvio.

— Taza de consomé, con capacidad para 250 c. c., la utilizaremos en la presentación de caldos, consomés y cremas.

La vajilla explicada es la más común usada en restauración en la actualidad, pero podemos encontrar otra como platos de caracoles o de ostras, entre otros. Además, en la actualidad hay una gama muy extensa de vajillas en el mercado, tanto en materiales como en diseños.

B) **Cristalería:** es el material necesario para el servicio de bebidas dentro del comedor y el bar. Su diseño y estilo son también características que los diferencian de otros establecimientos y serán diferentes para cada bebida en forma y tamaño. Hay una diferencia fundamental entre vidrio y cristal el sonido: el cristal tiene un timbre sonoro, mientras que el vidrio es opaco, además de ser menos transparente.

Podemos encontrar tres grupos: copas, vasos y jarras.

— Copas: en la actualidad disponemos de un gran abanico de copas en el mercado, pero todas ellas estarán formadas por tres partes: cáliz, tallo o fuste y pie, peana o base. Podemos encontrar diferentes tipos:

• Agua: es el tamaño más grande y también la usamos para el servicio de zumos, aperitivos, etc.

- Vino: este tipo variará en tamaño y boca dependiendo del vino: copa de vino verde, copa borgoña, copa princesa, copa burdeos, copa *champagne* o vinos espumosos (hay diversos tipos, siendo las más utilizadas la flauta o tulipa).

- Jerez o *sherry*: su tamaño es mediano.

- Martini: es la utilizada para cócteles o mezclados, su forma es en V.

- Balón: se utiliza para el servicio de coñac, armañac o *brandy;* son copas bajas de pata corta y forma de globo. Este diseño permite que se sostenga dentro de la palma de la mano, lo cual sirve para calentar levemente y que desprenda así mejor los aromas. También se conoce con el nombre de Napoleón.

- Licor: de forma similar a la Napoleón, pero en tamaño más pequeño.

- Cerveza: en la actualidad cada marca cervecera tiene un gran formato de copas y cristalería diversa, para cada cerveza especial tiene su formato idóneo.

- Helado: suelen ser de boca ancha y bastante decorativa, albergan helados, *smoothies, frappés,* etc.

— Vasos:

- Vaso *long drink* (bebidas largas): es un vaso alto de gran capacidad; se usa para el servicio de cócteles con gran cantidad de ingredientes; también conocido como *vaso de tubo.*

- Vaso *on the rocks:* vaso ancho y corto en altura destinado al servicio de bebidas alcohólicas que se sirven con dos o tres cubitos de hielo, principalmente el *whisky.*

— Jarras:

- Cerveza: de diferentes medidas y diseños, dispone de asa para poderla servir y consumir. Suelen ser de vidrio grueso, que ayuda a mantener la cerveza fría.

- Agua: elaboradas en cristal, de formas variadas y tamaños diversos y provistas de asa. También se pueden encontrar en otros materiales.

C) **Cuberterías:** en la actualidad hay variedad de materiales de los que se componen las piezas, desde la plata hasta el acero inoxidable. Hay que tener la precaución de que todas las piezas sean del mismo modelo para que quede todo armonizado.

Se compone de:

Cuchillos	Cucharas	Tenedores
Trinchero de sierra	Sopera	Trinchero
Trinchero	Postre	Postre
Postre	Consomé	Angulas
Entremeses	Moka	Postre
Pala de pescado	Café con leche	Entremeses
Lunch		*Lunch*
Mantequilla		Pescado

Varios

Pala de salsa	Cuchillo jamonero	Cuchillo salmonero	Cuchara de helado	Pinzas de azúcar
Pinza de mariscos	Cuchillo de sierra	Cuchillo trinchante	Tenedor de ostras	Pala de huevos
Cazo sopero	Puntilla	Cuchillo de ostras	Pinzas de espárragos	Pala de pastelería

D) **Lencería:**

En los establecimientos debe haber los manteles necesarios para el servicio, que serán del tamaño de las mesas y los tableros de los que se dispone en el restaurante. Lo normal son tres cambios por cada mesa.

Los tejidos pueden ser de hilo, algodón, damasco, raso o fibras artificiales, y los colores pueden variar para estar en concordancia con la decoración (lisos, blancos, etc.).

Manteles

La caída del mantel depende del establecimiento, por lo general suele ser a ras del suelo.

Cubremantel

Hará juego con el mantel, siendo del mismo género y calidad. Se utiliza también para vestir mesas auxiliares, aunque su objetivo principal es colocarse sobre el mantel. Siempre hay que cuidar el planchado de la lencería.

Servilletas

Serán de forma cuadrada y grande, confeccionadas con el mismo material de toda la lencería. A la hora de colocarlas, la regla más importante es que se manipulen lo menos posible.

Muletón

Están elaborados con algodón y gomas para ajustar bien en las mesas o los tableros; su misión es:

— Evitar ruidos.

— Proteger las mesas.

— Evitar roturas de cristalería.

— Comodidad para el cliente a la hora de apoyarse en los tableros o mesas.

Lito

Es el paño de servicios para el personal de sala. Puede ser de cristal o loza y lo utilizaremos para el repaso del material; protege de las quemaduras que puede ocasionar el contacto con fuentes y platos u otro material que salga caliente de la cocina.

Auxilia durante el servicio en todo momento para limpiar la boca de las botellas durante el servicio, transportar el material de forma segura, ordenada y limpia, etc. Su forma es rectangular y su color suele ser blanco.

Además de las prendas nombradas, también hay que destacar los cubreaparadores, cubregueridones, cubrebandejas, servilletas de té…

E) Otros:

Debido a la gran cantidad de utillaje que nos podemos encontrar vamos a nombrar el más habitual.

BANDEJAS

Las más utilizadas son redondas, rectangulares o para el servicio de habitaciones.

CESTAS DE VINO

Se utilizan para mantener el vino envejecido en posición horizontal en el servicio de vinos.

FUENTES

Serán de acero inoxidable con forma ovalada y diversos tamaños.

SOPERAS

Recipientes que usamos en el servicio de legumbres y sopas.

SAUTÉ

Es una sartén que, junto con el infernillo, ayuda en elaboraciones de platos a la vista del cliente.

RECHAUD

Infiernillo que se utiliza en sala para flambear y terminar platos calientes a la vista del cliente.

CUBITERA Y PIE

Se usan para mantener las bebidas frías y a mano en el comedor durante el servicio.

No se puede terminar este punto sin hacer un guiño a la vanguardia en el tema de materiales que Josep Roca denomina la *vanguardia materialista*. Está basada en el cambio o trueque que desde 2013 se hace en los diseños industriales para poder crear copas, platos y cubiertos distintos. En esta nueva revolución del material se incluyen los carros de postre que pueden aportar creatividad en la sala. Con ello se introduce el efecto *wow* en la sala con el sistema de carro con patas, incluso nos habla de sostenibilidad reutilizando, aprovechando y transformando los recursos para dar una segunda vida, por ejemplo, a botellas o corchos.

3.4. Aplicación de normas de mantenimiento de uso, control y prevención de accidentes

La Ley 31/1995, de 8 de noviembre, de Prevención de Riesgos Laborales (LPRL) aportó una nueva concepción de la seguridad y salud en el puesto de trabajo. Su aplicación supone la implantación de una cultura de prevención en todos los niveles.

Esta ley establece la obligación para toda empresa de establecer un plan de prevención de riesgos laborales.

Riesgo laboral

El riesgo laboral es un riesgo existente en el área laboral que puede resultar en una enfermedad laboral o en un accidente laboral.

Dependiendo del lugar de trabajo y el tipo de actividad ejercida se clasifican en:

— **Según las características del trabajo:** serían los factores de tipo ergonómico.

— **Seguridad:** riesgos de tipo físico (iluminación, ruidos, temperatura).

— **Factor de origen:** serían los agentes encontrados en el ambiente de trabajo (agentes físicos, químicos, biológicos…).

— **Organización del trabajo:** riesgos de tipo psicológico (estrés, acoso, malestar psíquico y físico) resultado de una mala organización del trabajo.

A partir de la Ley de Prevención de Riesgos Laborales, la formación se ha convertido en uno de los pilares de la prevención al indicarse, en su artículo 19, que «el empresario deberá garantizar que cada trabajador reciba una formación teórica y práctica, suficiente y adecuada, en materia preventiva, tanto en el momento de su contratación, cualquiera que sea la modalidad o duración de esta, como cuando se produzcan cambios en las funciones que desempeñe o se introduzcan nuevas tecnologías o cambios en los equipos».

La hostelería y restauración es un amplio campo laboral en el que se encuentran un gran número de trabajadores, por lo que la posibilidad de riesgo laboral es grande. Todo trabajador del mundo de la hostelería deberá conocer los principales riesgos laborales que existen en su trabajo y las distintas medidas preventivas que existen para hacer frente a ello.

— **Cortes:** como riesgos más frecuentes en hostelería están los originados por el utillaje que ocasionan cortes y amputaciones.

- Como medidas preventivas, hay que utilizar cuchillos con mangos antideslizantes y transportar los utensilios adecuadamente, ordenándolos tras su uso. Conviene mantener los cuchillos bien afilados, y cortar en las superficies destinadas para ello, etc.

— **Quemaduras:** riesgos de quemaduras por contacto con objetos o gases calientes en recipientes, freidoras, fuegos, vapores, etc.

- Como medidas preventivas, no se deben llenar los recipientes hasta arriba, hay que comprobar la temperatura de la freidora antes de introducir los alimentos, preparar los alimentos en recipientes de tamaño adecuado para evitar desbordamientos y utilizar equipos de protección individual (delantales, manoplas, gorros...).

— **Electricidad:** riesgo eléctrico ocasionado de forma directa o indirecta.

- Como medidas preventivas, y en lo referido al contacto directo, se deben alejar los cables y las conexiones de la zona de trabajo y recubrir las partes en tensión con material aislante. Los riesgos indirectos se evitan poniendo a tierra la línea; el interruptor diferencial ha de tener la sensibilidad adecuada a las necesidades, etc.

  Además, no se deben utilizar aparatos en mal estado o afectados por la humedad, y se debe comprobar periódicamente el correcto funcionamiento de las protecciones y desconectar los aparatos al término de su utilización.

— **Incendios:** se debe disponer solamente del material inflamable necesario para el uso diario; el resto debe guardarse en almacén. Se deben almacenar los productos inflamables lejos de la zona de trabajo y alejar de las zonas de incendio las fuentes de calor.

— **Exposición a agentes químicos:** se deben exigir al fabricante las fichas de datos de los productos, evitar el contacto con la piel, preparar los productos de acuerdo con las instrucciones del fabricante, utilizar los productos en sus envases originales, mantener las etiquetas en buen estado de conservación, no utilizar elementos cortantes en la descongelación de frigoríficos…

— **Exposición a agentes físicos:** ruido, vibraciones, energía calorífica, energía ionizante…

— **Exposición a agentes biológicos:** los agentes biológicos más habituales son los microbios, parásitos y virus.

- Para evitar contagios se requiere una correcta higiene tanto de los trabajadores como del establecimiento. Para ello se utilizarán los equipos de trabajo adecuados y se protegerán debidamente las heridas. El trabajador de hostelería debe tener especial cuidado en su higiene personal para evitar contagios y nunca permanecer en la zona de trabajo con la ropa de diario.

— **Carga física de trabajo:** esfuerzo físico, postura de trabajo y manipulación de cargas.

- Adoptar las medidas necesarias para evitar este riesgo, no realizando movimientos ni manipulando cargas superiores a 25 kg, utilizando medios mecánicos de transporte con preferencia al transporte manual. Colocación de hornos, calientaplatos, microondas, etc., a una altura adecuada para que puedan utilizarse sin doblar la espalda.

— **Carga mental:** cantidad de información que se recibe, complejidad de la respuesta que se solicita, capacidad individual y tiempo necesario de respuesta.

— **Fatiga:** la carga de trabajo es la causa más directa de la fatiga. La fatiga disminuye la capacidad física y mental.

- Para prevenir la fatiga hay que adaptar la carga de trabajo a las capacidades del trabajador, controlar la cantidad y calidad de la información tratada, elegir un mobiliario adecuado a las tareas del trabajo que se ha de desempeñar, organizar las tareas de forma que sea posible combinar diferentes posturas o mantener dentro de un control los valores de confort de los factores ambientales.

— **Insatisfacción laboral:** grado de malestar que sufren los trabajadores por motivos de su trabajo, como que este no se acomode a sus deseos, aspiraciones o necesidades, con lo que hay que prevenir favoreciendo modelos de planificación de las tareas que faciliten la participación y el trabajo en grupo, huyendo de los trabajos repetitivos y monótonos. Es necesario fomentar cambios desde la dirección que favorezcan la comunicación, promoción y formación de los trabajadores.

La empresa está obligada a informar y formar periódicamente a todos los trabajadores sobre los riesgos laborales asociados a sus tareas y sobre las medidas preventivas y de protección que se deben adoptar.

Las autoridades laborales de cada comunidad autónoma y la inspección de trabajo se ocupan de que los derechos de los trabajadores sean respetados.

ORGANIZA TUS IDEAS

Clasificación y descripción según características, funciones y aplicaciones. Maquinaria y equipos (sala)

a)	Mesas calientes
b)	Baño maría
c)	Carros
d)	Calientaplatos
e)	Calientafuentes
f)	Infiernillo
g)	T. P. V.
h)	Armarios, cavas
i)	Muebles para el bufé

Ubicación y distribución

Maquinaria y equipos (barra)

a)	Cámaras o botelleros
b)	Máquinas de hielo
c)	Escarchadora
d)	Grifo expendedor de cerveza o varios
e)	Cafetera exprés
f)	Molinillo de café
g)	Batidoras
h)	Exprimidores
i)	Microondas
j)	Plancha
k)	Lavavajillas
l)	Picadora de hielo
m)	Pila fregadero
n)	Termo de leche
o)	Expositores o vitrinas
p)	Estanterías
q)	Barra o mostrador
r)	Cubertería, vajilla, cristalería, lencería y material variado

Aplicación de técnicas, procedimientos y modo de operación y control característicos

Menaje (restaurante)

Aplicación de normas de mantenimiento de uso, control y prevención de accidentes

La Ley 31/1995, de 8 de noviembre, de Prevención de Riesgos Laborales (LPRL) aportó una nueva concepción de la seguridad y salud en el puesto de trabajo. Su aplicación supone la implantación de una cultura de prevención en todos los niveles.

Esta ley establece la obligación para toda empresa de establecer un plan de prevención de riesgos laborales.

Riesgo laboral

El riesgo laboral es un riesgo existente en el área laboral que puede resultar en una enfermedad laboral o en un accidente laboral.

— **Según las características del trabajo:** serían los factores de tipo ergonómico.

— **Seguridad:** riesgos de tipo físico (iluminación, ruidos o temperatura).

— **Factor de origen:** serían los agentes encontrados en el ambiente de trabajo (agentes físicos, químicos, biológicos…).

— **Organización del trabajo**

— **Cortes**

— **Quemaduras**

— **Electricidad**

— **Incendios**

— **Exposición a agentes químicos**

— **Exposición a agentes físicos**

— **Exposición a agentes biológicos**

— **Carga física de trabajo**

— **Carga mental**

— **Fatiga**

— **Insatisfacción laboral**

AUTOEVALUACIÓN

3.1. Nombra la maquinaria que se emplea en sala.

3.2. Describe qué es un T. P. V.

3.3. Explica las partes de la cafetera exprés y su limpieza.

3.4. Cita los materiales de fabricación de las vajillas.

3.5. Nombra diez materiales o equipamientos de uso en el comedor.

3.6. ¿Qué medidas se deben adoptar en la carga física de trabajo?

3.7. ¿Qué ley dispone la obligación de establecer el plan de riesgos laborales?

4. Desarrollo del preservicio en el área de consumo de alimentos y bebidas

Contenido

4.1. Proceso y secuencia de operaciones más importantes

4.2. Apertura del local: previsiones y actuación en caso de anomalías

4.3. Desarrollo del proceso de aprovisionamiento interno de géneros y de reposición de material según tipo de servicio

4.4. Formalización de la documentación necesaria

4.5. Puesta a punto del área de servicio y consumo de alimentos y bebidas

4.6. Repaso y preparación del material de servicio

4.1. Proceso y secuencia de operaciones más importantes

Al proceso más importante en el preservicio se le conoce con el término *mise en place*, que significa preparar y disponer todos los elementos necesarios para una tarea o trabajo.

Cuando la *mise en place* la utilizamos para el servicio de sala nos referimos a la preparación de todo el material y los elementos necesarios antes del servicio al cliente. El éxito o fracaso del posterior momento del servicio va a depender de manera directa de la atención que dediquemos a estas operaciones, de la mecánica del comedor. Así bien, la *mise en place* de la barra del bar es la preparación previa de todos los elementos necesarios para un servicio eficaz de atención en la barra, preparar guarniciones, reponer material, limpieza y cargas de cámaras, etc.

Estos pasos previos a la realización de cualquier otra tarea posterior sirven para evitar que los tiempos de realización de estas tareas se retrasen o, lo que es peor, se improvise y se vea afectado el servicio por algún fallo.

Una buena *mise en place* del servicio de restaurante o servicio de mesas consta de una serie de partes bien diferenciadas.

1. Limpieza y ventilación
2. Transporte del material
3. Repaso del material
4. Colocación del esqueleto
5. Preparación de complementos
6. Cambio de lencería
7. Montaje de aparadores y mesas auxiliares
8. Montajes de mesas
• Carta
• Menú
• Menú concertado
9. Tipos de montajes de mesas
10. Tipos de servicios

1. Limpieza y ventilación

Al inicio de la puesta a punto, una de las tareas que debemos mimar es la limpieza y ventilación; la sala o comedor ha de tener una atmósfera sin olores desagradables. El mobiliario que empleemos para cada servicio ha de estar listo y sin roturas, así como en perfecto estado de limpieza y revista. Las ventanas y puertas del salón o comedor han de estar abiertas para conseguir corriente y así una renovación de aire del establecimiento. La extracción de aire mecánico tiene que funcionar perfectamente y sin ningún ruido que pueda llegar a ser molesto para los clientes. Las tareas de limpieza pueden ser realizadas por personal contratado para este fin, lo que no exime a la brigada de la sala o barra de conocer el programa de limpieza del restaurante.

Material	Limpieza
Sillas	Con bayetas o rejillas y jabón neutro
Mesas	Especial atención a los recovecos
Aparadores/cajones	Limpieza diaria con especial atención a los entrepaños
Decoraciones	Si son plantas, hay que limpiarlas y regarlas
Carros	Con bayetas o rejillas y jabón neutro. Con especial atención a los apartados que tienen

2. Transporte del material

En esta tarea hay que prestar especial atención para así evitar roturas y desperfectos.

Cubertería	El transporte de este material se realiza con unas muletillas.
	(Plato trinchero + servilleta en forma de bolsillo).
	Bandejas.
	Nunca en las manos.
Loza	Este tipo de material se transporta con seguridad.
	No es conveniente cargar en exceso.
	Técnica: sobre brazo y mano izquierdos sin meter los dedos dentro.

Cristalería	Se coge por el pie o parte inferior de la copa o vaso y, en el caso de las jarras, por su asa.
	Jamás se introducen los dedos en el interior de las copas.
	Técnica: con la palma de la mano izquierda bien abierta, se van poniendo de una en una las copas en los huecos que hay entre dedo y dedo, sujetando la última por debajo de la copa ya cogida. Se trasladará tanto cristal como se sea capaz de transportar con seguridad. Con la mano derecha no es conveniente coger ninguna y así poder maniobrar sin peligro y evitar accidentes.
	En la bandeja se transportan y se desbarasan.

3. Repaso de material

Es la tarea minuciosa de acondicionar y abrillantar pieza a pieza el material para el servicio, lo que permitirá retirar las piezas que no estén en buen estado (descascarilladas) y las que no estén bien limpias para así devolverlas al *office*.

Cubertería	Loza	Cristalería
Se colocan las piezas por tipos.	Para el repaso de los platos se usa un lito de cristal.	Las copas, que se transportan del *office* al comedor para ser repasadas, se colocan en bandejas y boca arriba en recipientes con agua caliente, bien en un cazo con infiernillo o utilizando el agua caliente de la cafetera en forma de vapor. Se cogerá la copa por el pie, se pondrá boca abajo sobre el vapor, y se frotará con un lito de cristal, introduciendo el dedo pulgar con el paño en el interior. Una vez repasada, se coloca boca abajo en las bandejas.
Se prepara agua caliente.	Se prepara agua caliente.	
Poner especial atención a las púas de los tenedores.	Se cogen los platos haciéndolos girar entre las manos con el lito frotando bien.	
Se destinan al montaje de mesas. Muletillas.

Aparadores de servicio colocados y clasificados por tipos. | Van destinados al montaje de mesas.

Calientaplatos.

Mesas calientes.

Aparadores de servicio. | Este material va destinado a:

• Aparadores de servicio.

• Montaje de mesas. |

4. Colocación del esqueleto

Dependiendo de la oferta gastronómica que tengamos que montar utilizaremos un tipo de mesa o tablero. Hay que tener las siguientes precauciones:

— Dejar caminos fáciles en la sala para el personal y los gueridones.

— Las mesas o tableros deben estar bien alineados unos con otros.

— Guardar una distancia mínima para que no estén muy juntos.

— Si son mesas cuadradas, se alinean sus vértices.

— Se han de calzar las mesas que lo necesiten con corcho en pequeñas cuñas; no se debe hacer ni con chapas ni con papeles.

— Las sillas también han de estar alineadas.

5. Preparación de complementos

El salero y el pimentero son los complementos base. Hay que evitar que la sal se humedezca y se apelmace, para esto hay que procurar que los saleros no sean de gran tamaño y así la sal se puede cambiar cada menos tiempo.

El pimentero se renovará con frecuencia, ya que la pimienta pierde sus propiedades organolépticas. Por esta razón es recomendable el uso de molinillos; la pimienta será más duradera en grano.

Podemos encontrar más complementos como vinagreras o convoyes, mostaza, salsas, palilleros…

Han de estar en las mejores condiciones posibles. El palillero siempre estará lleno.

6. Cambio de lencería

Se recogerán por grupos según sean manteles, servilletas, cubremanteles, etc., para luego poder hacer el recuento. Su limpieza puede hacerse en el propio establecimiento o externalizarse. El cambio de ropa se realiza una vez por servicio después de repartirse por los aparadores para el doblaje de mesas o bien para los diferentes montajes. Los manteles se guardarán con los lomos hacia fuera para poder contarlos a la hora del inventario.

7. Montaje de aparadores y mesas auxiliares

En aparadores y mesas auxiliares se alberga una pequeña dotación de material para el servicio, para las posibles situaciones en las que haya que doblar mesas y a fin de que todo esté preparado para evitar pérdidas de tiempo. Puede haber un aparador por rango o por cada dos rangos; en la parte de abajo (entrepaños) se apilan los platos por tipos y en un orden estipulado (el número de ellos puede variar). La lencería se ubica en uno de los entrepaños superiores, los lomos de los manteles estarán hacia fuera para manejarlos y cogerlos mejor. La cristalería se coloca boca abajo, la cubertería se guarda ordenada en los cajones y los complementos se sitúan en la parte superior del aparador.

8. Montaje de mesas

CARTA: el cliente elabora su propio menú
1. Decoración
2. Plato de presentación
3. Plato de postre
4. Plato de pan
5. Cuchillo o pala de mantequilla
6. Tenedor trinchero
7. Copa de agua
8. Copa de vino
9. Servilleta

Después de alinear las mesas y calzarlas describimos los pasos a seguir:

1. Se coloca el muletón bien ajustado a la mesa o tablero.

2. Se viste la mesa con el mantel y cubremantel; la caída será la misma por todos los lados.

3. Los platos se sitúan bien centrados y haciendo coincidir su borde inferior con el borde de la mesa. Utilizamos el plato de presentación o plato base.

4. El plato de pan se sitúa a la izquierda, de manera que coincida con los bordes superiores.

5. Solo montamos el tenedor trinchero a la derecha para el aperitivo y, si es necesario, se colocará también el cuchillo de mantequilla.

6. Cristalería: se coloca la copa de agua en la parte más central del plato base y, a la derecha de esta, se coloca la copa de vino.

7. Servilleta: lo más indicado es manipularla lo menos posible. Se ubica en armonía con el montaje de la mesa, la forma más usual de encontrarla es situada encima del plato base o de presentación.

8. Complementos: se colocarán de manera discreta, sin causar perjuicios o molestias en el montaje.

9. Sillas: hasta que estas no se encuentren a ras del mantel no se podrá dar el servicio por montado.

MENÚ O MENÚ DEL DÍA: se caracteriza por presentar una oferta con un precio cerrado; consiste en la elección de un primer plato, un segundo plato, pan, bebida y postre. Este tipo de oferta permite elegir entre dos y cinco platos por categoría. Cada vez es más común encontrar, dentro de este tipo de ofertas, la del «medio menú»; consiste en la elección de un plato de la oferta con servicio de pan, bebida y postre, y precio cerrado.

1. Decoración
2. Plato trinchero
3. Plato de pan
4. Tenedor trinchero
5. Cuchillo trinchero
6. Cuchara sopera

7. Cuchara y tenedor de postre
8. Copa de agua
9. Servilleta

El montaje es muy similar al descrito en la carta, aunque con pequeños matices o diferencias como estas que mencionamos a continuación:

— Los manteles suelen ser de un solo uso para abaratar costes y agilizar el servicio.

— En la actualidad podemos encontrar establecimientos donde, para marcar el servicio, utilizarán una servilleta.

— En cuanto a los cubiertos, se utilizan los más adecuados para el marcaje del servicio y que permitan que este sea rápido.

— Cristalería: suelen montar una copa o un vaso para agua, retirando o acompañando esta con la cristalería correspondiente en función de lo que se haya elegido en el menú.

> **MENÚ CONCERTADO**: en este tipo de oferta gastronómica conocemos de antemano la elección del menú y las personas que lo degustarán, por lo cual se puede montar todo el material necesario para la realización del servicio.

1. Colocación del esqueleto (muletón)
2. Mantel y cubremantel
3. Platos
4. Cubertería
5. Cristalería
6. Servilleta
7. Complementos
8. Minuta
9. Sillas

En este tipo de oferta se suele dar un servicio más elegante, pues suele tratarse de bodas, comuniones, convenciones, celebraciones familiares o profesionales; también existe este tipo de oferta en menús más asequibles, para celebraciones más informales o económicas. Dentro de los más elegantes debemos encontrar:

— Mantel y cubremantel: en este tipo de montajes los manteles suelen ser más largos y refinados. Cuando es necesario utilizar más de un mantel para el montaje de una misma mesa, se comenzará tirando de la parte más alejada de la puerta de entrada, para evitar escalones en los manteles.

— Platos: cuando las mesas estén alineadas, vestidas y calzadas, nos dispondremos a montar los platos. En primer lugar, colocaremos un plato base o de presentación al borde de la mesa, sobre el cual situaremos después todo el resto de material, buscando en todo momento que esté perfectamente alineado. En este tipo de montaje, el plato de pan se coloca después del montaje de los cubiertos para evitar molestar en la colocación de estos y siempre a la izquierda del plato base o de presentación.

— Cubiertos: se deben montar las piezas necesarias para todo el menú. Se coloca en orden inversamente proporcional a su servicio, o lo que es lo mismo, desde la parte más próxima al plato hasta la más alejada. La cubertería del servicio de postre se coloca en la parte superior del plato base o de presentación y se dispone con el mango hacia el lugar de su uso (cuchara-derecha; tenedor-izquierda).

— Cristalería: utilizaremos la necesaria para la degustación del menú. Su situación en la mesa será: copa de agua en el centro, a su derecha la de vino tinto y a la derecha de esta la de vino blanco. A la izquierda de la de agua colocaremos la de cava y, detrás de esta, irá la de licor.

— Servilleta: utilizaremos la misma norma que en el servicio de carta.

— Complementos: estos irán colocados en las mesas de entre cuatro a seis comensales.

— Minuta: la situaremos de la manera más armónica posible.

— Sillas: cuando coloquemos las sillas a ras del mantel será cuando daremos por finalizado el montaje.

9. Tipo de montajes de mesas

Dentro de las ofertas gastronómicas existentes, podemos encontrar los servicios especiales, los cuales necesitan de materiales y estructuras o esqueletos más complejos y elaborados para el montaje del servicio. Para este montaje atenderemos a los siguientes aspectos:

— Según el servicio: cóctel, banquete, vino español, etc.

— Según el horario: almuerzo, comida, cena, etc.

— Según el emplazamiento o lugar: restaurante, finca, lugar público, etc.

— Según el tipo de acontecimiento: comunión, boda, convención, etc.

Podremos encontrar las siguientes formas o esqueletos:

— En forma de **I**: mesa para más de 30 comensales y menos de 36. Para la composición de dicho esqueleto, se utilizan tableros de medidas estándar. No es aconsejable este tipo de montaje para un número alto de comensales.

— En forma de **U**: mesa para entre 40-50 comensales; en este tipo de montaje el servicio se dará por la parte exterior de la U. Tiene una presidencia de mesa, la cual siempre se pondrá en la parte frontal de la mesa.

— En forma de **E**: mesa para entre 70-80 comensales; se usa cuando se espera un gran número de asistentes.

— **IMPERIAL**: mesa para entre 30 y 36 comensales. Muy similar al montaje en I; se colocan los tableros con unas guías o cabeceras de media luna y el resultado final es una mesa ovalada.

— **AMERICANA**: mesas para un alto número de comensales. Es el montaje más usado en la actualidad; son montajes en tableros redondos que pueden tener varios diámetros, para 8, 10 o 12 comensales. La presidencia se sitúa en el lugar donde se pueda observar el conjunto o la mayoría del resto de mesas.

— **ESPIGA**: mesa para un alto número de comensales. Se monta primero la presidencia y luego el resto de los tableros en diagonal a la presidencia.

— En forma de **T**: mesa para entre 40-50 comensales. Es un montaje donde se utilizan todas las partes del tablero para evitar que los comensales se den la espalda. Si hubiera presidencia, la colocaríamos en la parte superior de la T.

— En forma de **PEINE**: mesa para más de 50 comensales; este montaje parte del esqueleto en forma de E al cual le añadiremos brazos, dependiendo de la cantidad de comensales. En este tipo de servicio algunos se darán la espalda.

— En forma de **HERRADURA**: para entre 40-50 comensales, montaje algo peculiar, puesto que debemos contar con medias lunas y mantelería para que vistan bien el montaje.

— Otros tipos de montaje de mesas: cuadradas o redondas, para entre 4 y 12 comensales; se trata de una mesa bloque, para lo cual uniremos cuatro mesas cuadradas sin dejar huecos entre sí y los comensales se sitúan alrededor de la mesa para la degustación del evento.

Para establecer una buena *mise en place* se han de tener varios aspectos en cuenta, como pueden ser la capacidad de la sala, la cualificación de la brigada, la categoría del establecimiento, el número de comensales y también la elaboración del manjar y el propio manjar en sí.

10. Tipos de servicios

— Servicio a la AMERICANA o emplatado: es el servicio más común en la actualidad, se sirve al cliente por la derecha y el jefe de rango retirará el plato de la cocina y servirá al comensal; no requiere personal altamente cualificado.

— Servicio a la INGLESA: este servicio se realiza por la izquierda del comensal, el jefe de rango servirá las viandas desde una fuente o plaqué; el plato en el que emplataremos lo colocaremos por la derecha del comensal y este irá caliente o frío dependiendo del manjar. La postura ha de ser natural, procurando no manchar y evitando cualquier accidente o perjuicio al comensal. Para ello, hemos de adelantar la pierna izquierda un poco inclinando el cuerpo hacia adelante. En este tipo de servicio es necesario dominar la técnica del pinzado, es importante respetar la estructura inicial del manjar en la fuente y representarla de igual forma en el plato sin descomponer los manjares o viandas. Es un servicio utilizado en banquetes,

principalmente, debido a su elegancia. Además, debemos tener una brigada cualificada para su realización.

— Servicio a la FRANCESA: este servicio se realiza por la izquierda del comensal,
pero en esta ocasión el cliente se servirá a su apetencia. Es un servicio poco
utilizado, salvo en embajadas, casas reales o diplomáticas, etc. Es un servicio lento, en el cual la fuente irá colocada con un lito y así se sujetará con
la mano izquierda adoptando el camarero una postura natural y elegante.

— Servicio a la RUSA o desde el *gueridón*: es un servicio que se utiliza en restaurantes de alta categoría y hoteles. Los alimentos salen de cocina para
su terminación o emplatado en sala. Se trata de realizar alguna técnica a la
vista del cliente. Se necesita un personal muy cualificado y material espe-
cífico. Se sirve por la derecha del cliente.

4.2. Apertura del local, previsión y actuación en caso de anomalías

La brigada de la sala ha de repartirse las tareas de apertura del local. La persona encargada de esta labor es el *maître* o jefe de sala, la división del trabajo
o de las tareas son diferentes en cada establecimiento y dependen del tipo de
servicio, personal, etc., pero independientemente de la gestión de las tareas
y su distribución, el buen desarrollo de estas es indispensable para un buen
funcionamiento en nuestro local.

Para una buena gestión y desarrollo de estas actividades es fundamental la
organización (para alcanzar un fin determinado).

Tareas:

— Revisión completa del establecimiento.

— Comprobar el estado general de las instalaciones.

— Detectar posibles anomalías que puedan afectar al servicio.

— Plan de emergencias ante posibles averías.

— Clasificación de las averías.

— Planificarse alternativas posibles ante posibles contingencias con el fin de
mantener el negocio en funcionamiento.

— Supervisar mobiliario en cuanto a limpieza y colocación.

— Comprobar el estado de la sala.

— Notificar incidencias lo antes posible para su subsanación.

4.3. Desarrollo del proceso de aprovisionamiento interno de géneros y de reposición de material según el servicio

En este proceso, el control, organización y gestión de la industria alimentaria es sumamente importante porque, de una buena práctica en la recepción de mercancías y géneros, dependerá la buena conservación de las propiedades organolépticas de los productos y no se verá perturbada su vida útil ni las fechas de caducidad. Pondremos especial énfasis en los géneros frescos, puesto que se deterioran más fácilmente; también sería perjudicial, económicamente hablando, el mal aprovechamiento de los géneros o la mala manipulación.

El almacén es el lugar donde se guardan y ordenan los géneros y mercaderías, que pueden ser refrigerados o no refrigerados, y también bodega.

Desde la recepción, conservación y el posterior consumo, nosotros seremos los responsables de esos alimentos, estableciendo mediante un análisis de peligros y puntos críticos de control (APPCC) las determinadas medidas y fichas de control para evitar tanto contagios o posibles intoxicaciones como la pérdida de dinero para la empresa o el establecimiento.

Cada alimento lo conservaremos como nos indique el proveedor o distribuidor, o según lo que diga la normativa vigente, siempre con el fin de respetar las propiedades organolépticas de los productos y sus cualidades.

Como normas básicas proponemos:

— No mezclar alimentos (carnes, pescados, verduras, etc.) sin elaborar con productos manufacturados; evitaremos así la contaminación cruzada, puesto que los alimentos frescos o no cocinados están sin esterilizar y pueden contener bacterias o microorganismos que contaminen la comida elaborada. Debemos tener mucho cuidado también con los utensilios; hay que lavarlos bien para evitar este tipo de contaminación.

— Mantener en lugar fresco, seco, oscuro y que no tenga cambios bruscos de temperatura los productos no perecederos.

— Almacenar correctamente los productos refrigerados, sin mezclar pescados, carnes y hortalizas o verduras, siempre bien envasados para prevenir el deterioro de la cámara.

— Preservar la cadena de frío y comprobar en el momento de la recepción que no se haya perdido, tanto en refrigerados como en congelados.

- No volver a congelar lo que se haya descongelado previamente.

- Consumir los productos lácteos y refrigerados en los días señalados una vez abierto el producto.

- Cuidado con los pescados; es un producto muy perecedero que se debe conservar a temperaturas bajas. Algunos pescados requieren congelación para evitar infecciones por anisakis.

- Hortalizas y verduras a temperaturas más suaves.

4.4. Formalización de la documentación necesaria

En todo establecimiento es necesario implantar un sistema contable de entradas y salidas. En los bares, cafeterías o restaurantes con pequeñas partidas, que contabilizar y controlar, hay que implantar un sistema que permita garantizar los ingresos del establecimiento, el control del trabajo y la agilidad en el servicio.

El *relevé* es un sistema que permite el control del género que queda, así como los pedidos que se realizan al economato, bodega, lencería o almacén, y los que se realizan a los proveedores.

Los sistemas de control son diferentes dependiendo del tipo de establecimiento.

Los sistemas más utilizados en las operaciones de almacenaje son los denominados FIFO y LIFO. FIFO, del inglés *first in, first out* lo primero en entrar en nuestro establecimiento será lo primero que salga de este. Siempre atenderemos a las fechas de caducidad de los productos y estos los colocaremos por familias o gamas. Es el método más utilizado en el almacenaje de productos perecederos. LIFO, del inglés *last in, first out*: en este caso lo último en entrar será lo primero en salir; este tipo de sistema se utiliza mayormente para productos no perecederos, puesto que no tienen fecha de caducidad.

4.5. Puesta a punto del área de servicio y consumo de alimentos y bebidas

4.5.1. Repaso y preparación del material de servicio

En este punto vamos a repasar las operaciones de puesta a punto imprescindibles para la apertura diaria de un establecimiento: ventilación y limpieza del local, repaso de material, mobiliario y montaje de comedor.

La coordinación con cocina es una tarea que no hay que descuidar los jefes de sala y cocina han de tener un cambio de impresiones relativo a la oferta del día y al servicio. Además, el jefe de cocina determina la cantidad de raciones disponibles de cada manjar; si hay algo fuera de carta, da la orden de los platos que es conveniente (da salida), por lo que en este momento es importante saber el número de reservas. El siguiente punto a tener en cuenta es el pequeño *briefing* que el *maître* tiene con la brigada de sala; en esta breve reunión se comprueba que el personal está en perfecto estado de revista y bien uniformado, se reparten los rangos entre el personal de la sala y se despejan dudas respecto al menú o cualquier aclaración que la brigada necesite. Se suele hacer una reflexión sobre el servicio anterior para así poder buscar mejoras.

4.5.2. Montaje de aparadores y de otros elementos de apoyo

Como se ha comentado ya en otro punto, para el servicio se deben aprovechar bien los espacios y hacer el montaje de forma normalizada; lo más pesado debe ir colocado en la parte baja del aparador y, en su parte superior, las cartas, muletillas, recogemigas y algún otro material que se necesite.

4.5.3. Montaje y disposición de mesas y elementos decorativos y de ambientación según tipo y modalidad de servicio

El jefe de sala, junto a la orden de servicio, adjunta un plano en el que se distribuyen las mesas por la sala y con estos datos se procederá al montaje del comedor. El *maître* dirigirá el montaje y se prepararán las zonas de servicio (puntos de apoyo, *office*); en este punto se ha de tratar lo referente a la decoración de las mesas y el salón, con esto se puede dar un toque de distinción. La decoración puede constar de frutas, flores, velas, productos de consumo, piedras, vajilla, tejas, etc.

4.5.4. Montaje de servicios tipo bufé, autoservicios y análogos

Este tipo de servicio especial se destaca por la rapidez en el servicio y por necesitar una brigada más pequeña.

La rentabilidad en cuanto a la materia prima se convierte en algo primordial, ya que los alimentos están expuestos y el cliente se sirve lo que le gusta. Podemos clasificarlos en función de la hora de su realización: desayuno, *brunch*, comida, cena; por su oferta: frío, frío-caliente, postre, ensaladas; según su colocación: bloque, U, T, imperial, en islas; por su equipamiento: no equipados o equipados, baño maría, tostadoras; según el grado de servicio: asistido por personal o no asistido, etc.

ORGANIZA TUS IDEAS

Proceso y secuencia de operaciones más importantes

1. Limpieza y ventilación
2. Transporte del material
3. Repaso del material
4. Colocación del esqueleto
5. Preparación de complementos
6. Cambio de lencería
7. Montaje de aparadores y mesas auxiliares
8. Montajes de mesas
• Carta
• Menú
• Menú concertado
9. Tipos de montajes de mesas
10. Tipos de servicios

Transporte del material

Cubertería	El transporte de este material se realiza con unas muletillas.
	(Plato trinchero + servilleta en forma de bolsillo).
	Bandejas.
	Nunca en las manos.
Loza	Este tipo de material se transporta con seguridad.
	No es conveniente cargar en exceso.
	Técnica: sobre brazo y mano izquierdos sin meter los dedos dentro.

Cristalería	Se cogen por el pie o parte inferior de la copa o vaso y, en el caso de las jarras, por su asa.
	Jamás se introducen los dedos en el interior de las copas.
	Técnica: con la palma de la mano izquierda bien abierta, se van poniendo de una en una las copas en los huecos que hay entre dedo y dedo, sujetando la última por debajo de la copa ya cogida. Se trasladará tanto cristal como se sea capaz de transportar con seguridad. Con la mano derecha no es conveniente coger ninguna y así poder maniobrar sin peligro y evitar accidentes.
	En la bandeja se transportan y se desbarasan.

Repaso de material

Cubertería	Loza	Cristalería
Se colocan las piezas por tipos.	Para el repaso de los platos se usa un lito de cristal.	Las copas que se transportan del *office* al comedor para ser repasadas, se colocan en bandejas y boca arriba en recipientes con agua caliente, bien en un cazo con infiernillo o utilizando el agua caliente de la cafetera en forma de vapor. Se cogerá la copa por el pie, se pondrá boca abajo sobre el vapor, y se frotará con un lito de cristal, introduciendo el dedo pulgar con el paño en el interior. Una vez repasada, se coloca boca abajo en las bandejas.
Se prepara agua caliente.	Se prepara agua caliente.	
Poner especial atención a las púas de los tenedores.	Se cogen los platos haciéndolos girar entre las manos con el lito frotando bien.	
Se destinan al montaje de mesas. Muletillas. Aparadores de servicio colocados y clasificados por tipos.	Van destinados al montaje de mesas. Calientaplatos. Mesas calientes. Aparadores de servicio.	Este material va destinado a: • Aparadores de servicio. • Montaje de mesas.

Colocación del esqueleto

Dependiendo de la oferta gastronómica que tengamos que montar, utilizaremos un tipo de mesa o tablero. Hay que tener una serie de precauciones.

Preparación de complementos

Han de estar en las mejores condiciones posibles. El palillero siempre estará lleno.

Cambio de lencería

Se recogerán por grupos y clasificados: manteles, servilletas…

Montaje de aparadores y mesas auxiliares

Montajes de mesas

CARTA: el cliente elabora su propio menú
1. Decoración
2. Plato de presentación
3. Plato de postre
4. Plato de pan
5. Cuchillo o pala de mantequilla
6. Tenedor trinchero
7. Copa de agua
8. Copa de vino
9. Servilleta

El montaje es muy similar al descrito en la carta, aunque con pequeños matices o diferencias como estas que mencionamos a continuación:

— Los manteles suelen ser de un solo uso para abaratar costes y agilizar el servicio.

1. Colocación del esqueleto (muletón)
2. Mantel y cubremantel
3. Platos
4. Cubertería
5. Cristalería
6. Servilleta
7. Complementos
8. Minuta
9. Sillas

Tipo de montajes de mesas

Dentro de las ofertas gastronómicas existentes, podemos encontrar los servicios especiales, los cuales necesitan de materiales y estructuras o esqueletos **más** complejos y elaborados para el montaje del servicio. Para este montaje atenderemos a los siguientes aspectos:

— En forma de I

— En forma de U

— En forma de E

— IMPERIAL

— AMERICANA

— ESPIGA

— T

— En forma de PEINE: mesa para más de 50 comensales; este montaje parte del esqueleto en forma de E al cual le añadiremos brazos, dependiendo de la cantidad de comensales. En este tipo de servicio algunos se darán la espalda.

— En forma de HERRADURA.

Tipos de servicios

— Servicio a la AMERICANA o emplatado

— Servicio a la INGLESA

– Servicio a la FRANCESA

— Servicio a la RUSA o desde el *gueridón*

Apertura del local, previsión y actuación en caso de anomalías

— Revisión completa del establecimiento.

— Comprobar el estado general de las instalaciones.

— Detectar posibles anomalías que puedan afectar al servicio.

— Plan de emergencias ante posibles averías.

— Clasificación de las averías.

— Planificar alternativas ante posibles contingencias con el fin de mantener el negocio en funcionamiento.

— Supervisar mobiliario en cuanto a limpieza y colocación.

— Comprobar el estado de la sala.

— Notificar incidencias lo antes posible para su subsanación.

Desarrollo del proceso de aprovisionamiento interno de géneros y de reposición de material según el servicio

El almacén es el lugar donde se guardan y ordenan los géneros y mercaderías, que pueden ser refrigerados o no refrigerados, y también la bodega.

Desde la recepción, conservación y el posterior consumo, nosotros seremos los responsables de esos alimentos.

Como normas básicas proponemos:

— No mezclar alimentos (carnes, pescados, verduras, etc.) sin elaborar con productos manufacturados; evitaremos así la contaminación cruzada, puesto que los alimentos frescos o no cocinados están sin esterilizar y pueden contener bacterias o microorganismos que contaminen la comida elaborada. Debemos tener mucho cuidado también con los utensilios, hay que lavarlos bien para evitar este tipo de contaminación.

— Mantener en lugar fresco, seco, oscuro y que no tenga cambios bruscos de temperatura los productos no perecederos.

— Almacenar correctamente los productos refrigerados, sin mezclar pescados, carnes, y hortalizas o verduras, y siempre bien envasados para prevenir el deterioro de la cámara.

— Preservar la cadena de frío, y comprobar en el momento de la recepción que no se haya perdido tanto en refrigerados como en congelados.

— No volver a congelar lo que se haya descongelado previamente.

— Consumir los productos lácteos y refrigerados en los días señalados una vez abierto el producto.

— Cuidado con los pescados; es un producto muy perecedero que se debe conservar a temperaturas bajas. Algunos pescados requieren congelación para evitar infección por anisakis.

— Hortalizas y verduras a temperaturas más suaves.

Formalización de la documentación necesaria

El *relevé* es un sistema que permite el control del género que queda, así como los pedidos que se realizan al economato, bodega, lencería o almacén, y los que se realizan a los proveedores.

Los sistemas más utilizados en las operaciones de almacenaje son los denominados FIFO y LIFO.

Puesta a punto del área de servicio y consumo de alimentos y bebidas

Repaso y preparación del material de servicio

En este punto vamos a repasar las operaciones de puesta a punto imprescindibles para la apertura diaria de un establecimiento: ventilación y limpieza del local, repaso de material y mobiliario y montaje de comedor.

Servicio anterior, para así poder buscar mejoras.

Montaje de aparadores y de otros elementos de apoyo

El servicio se ha de montar de forma normalizada y se deben de aprovechar bien los espacios, colocando lo más pesado en la parte baja del aparador y, en su parte superior, las cartas, muletillas, recogemigas y algún otro material que se necesite.

Montaje y disposición de mesas y elementos decorativos y de ambientación según tipo y modalidad de servicio

El jefe de sala, junto a la orden de servicio, adjunta un plano en el que se distribuyen las mesas por la sala y con estos datos se procederá al montaje del comedor. El *maître* dirigirá el montaje y se prepararán las zonas de servicio (puntos de apoyo, *office*); en este punto se ha de tratar lo referente a la decoración de las mesas y el salón; con esto se puede dar un toque de distinción. La decoración puede constar de frutas, flores, velas, productos de consumo, piedras, vajilla, tejas, etc.

Montaje de servicios tipo bufé, autoservicios y análogos

Este tipo de servicio especial destaca por su rapidez y por valerse de una brigada más pequeña.

AUTOEVALUACIÓN

4.1. Cita cómo hay que transportar el material de la sala (cubertería, cristalería, loza).

4.2. Explica la técnica de repaso del material del comedor.

4.3. Explica la secuencia del montaje a la carta.

4.4. Cita los tipos de montaje de mesas (los esqueletos).

4.5. Explica los tipos de servicio que conoces.

4.6. Las tareas de apertura del local son...

4.7. Desarrolla el proceso de aprovisionamiento interno de géneros y de reposición de material según el servicio.

4.8. Enumera el montaje y material para este menú concertado. 6 PAX:

Crema templada de setas de temporada

Carpacho de solomillo

Rollitos de rabo de toro

Coulant de chocolate

Agua

Vino blanco

Vino tinto

Café

Bibliografía

- EL RESTAURANTE (Manual profesional). Ediciones Norma, Madrid 1994.

- BEBIDAS. Ediciones Paraninfo, Madrid.

- OFERTAS GASTRONÓMICAS. Ediciones Paraninfo, Madrid.

- TECNICAS DE SERVICIO Y ATENCION AL CLIENTE. Ediciones Paraninfo, Madrid.

- CONSUMOTECA.com /turismo-y-viajes /normativa-bares-restaurantes-y-cafeterías/

- Manual ergonomía en la cocina, Ministerio de trabajo e inmigración. NIPO 792-11-0009-20 DL.M 20982-2011